ICT活用で
主体的・協働的な学び
をつくる

明治図書

教育DX

理論&実践ガイド

山本 朋弘・堀田 龍也・清水 康敬

JN041885

はじめに

(1) 2050年代の学校はどうなっているか？

　2050年頃の日本はどうなっているのでしょうか。社会の変化が激しく，将来の予測が困難になっていますが，社会全体の変化について，さまざまな分析結果が出されています。例えば，国際連合広報センターが公表した「世界人口推計2019年版」では，「わずか十数年のうちに，地球上の人口は現在の77億人から約85億人に，さらに2050年までにほぼ100億人に達する見込み」であることを報告しています。一方で，日本やヨーロッパのように，人口減少がさらに進み，出生率の低下や高齢化の問題が更に深刻になる国も増加し，世界の二極化が進んでいくとしています。

　そんな2050年頃の日本の学校はどうなっているのでしょうか。今の形で存在しているのでしょうか。私は，教育方法を学ぶ大学の授業で，教師を目指す大学生に次のことを話してから授業を進めるようにしています。

　みなさんが教師となって活躍するであろう10年後に，学校での指導や学びは確実に変化しています。ですから，今までの指導法だけでは十分でありません。教育方法の授業では，10年後の授業に活かせるような新たな手法を自ら学び取ってほしい。

　これから教師を目指す大学生だけでなく，教師になって悩んでいる若手教師，これまで授業をやってきて行き詰まった教師にも，これまでの学校や教室，授業での「常識」にとらわれず，新しい発想や多様な考え方を取り入れて進めてほしいと思います。

(2) 今の教師に必要なのは「アンラーニング」

　アンラーニングとは，学習棄却と呼ばれていて，これまでのやり方や考え方を棄却して（捨てて），新しいやり方や考え方を取り入れることです。前述したように，これだけ変化が激しい社会の中で，学校だけが変化しないことはなく，常に変化していく学校の中で，古いものを捨てて，新しいものに置き換えるアンラーニングを教師が取り入れることが，今まさに求められています。このことは，授業を進めるだけでなく，校務を処理する上でも同様であり，教師の働き方改革にもつながることといえます。

　例えば，AI（人工知能）が急速に普及していて，産業界に止まらず，教育現場にも入ってきています。英文を日本語に翻訳するAI，チャット形式で対話しながら文章を生成するAI，長文を要約して要約文を作成するAIなど，多種多様なAIの活用が生活に溶け込んできています。学校において，教師がこれらのAIを使うべきか，また子供たちに使わせるべきかといった議論を耳にします。これからの学校では，教師や子供たちがAIを積極的かつ賢く活用し

て，指導や学びをさらに充実させていくことが重要であると考えています。しかし，現場の教師の中には，その一歩を踏み出せないでいる人が多いようです。新しいことに挑戦的に取り組んで，試行錯誤しながら，目の前にある壁を越えてほしいと考えています。

(3) アフターコロナでのニューノーマル

　新型コロナウイルス感染症によって，私たちの生活は大きく変化しました。また，新型コロナウイルス感染症の感染状況が落ち着き始めて，日常生活も戻りつつある中でも，従来の方法に戻さず，新たな方法を日常の習慣とすることも出てきています。例えば，会議をWeb会議で開催するようにして，テレワークが一般化して，働き方が変わってきている業種も見られます。まさに，アフターコロナでのニューノーマルといえます。アフターコロナでの学校はどうなっているのでしょうか。これまでの校務等を見直して，感染状況が落ち着いた後も，ペーパーレス化やWeb会議の活用を継続している学校も見られるようになりました。また，公立の小中学校では，1人1台の情報端末の導入期と重なったこともあり，家庭に情報端末を持ち帰って，子供主体の家庭学習の在り方を見直している地域や学校も見られ，学校でのニューノーマルを見いだしていくことが期待されます。

(4) 大学での学びの変化

　大学においても，ICT活用に関する学びは大きく変わってきています。現在，すべての大学生が身に付けるべきICTスキルは，従来からの文書作成や表計算，プレゼンテーションといった内容ではなく，数理・データサイエンス・AIの基礎などのこれから必要な力を確実に身に付けていくこととなっています。全国の大学生全員が，数理・データサイエンス・AIへの関心を高め，適切に理解し活用する基礎的な能力を身に付けていくよう，大学での情報教育の充実が進んでいるところです。

　さらに，教育学部の学生においては，教育の方法と技術からICT活用を取り出した「情報通信技術の活用の意義と理論」を学ぶことになっています。この科目では，ICT活用のスキルだけではなく，ICTを効果的に活用した学習指導や情報教育，校務の推進について理解し，基礎的な指導法を身に付けることになります。

　このように，これからの学校や教師は，確実に変化していきます。これからの学校や教師の変化に対応できるよう，授業や校務でどのようにICTを活用していくか，本書を通じて，理論と実践の両面からその在り方を考えてみたいと思います。

【参考文献】
・国際連合広報センターが公表した「世界人口推計2019年版」

2024年1月

中村学園大学教育学部教授　山本朋弘

本書のねらい

(1) なぜICT活用なのか（社会的背景）

現在，全国の公立小学校では，GIGAスクール構想が進み，1人1台情報端末とクラウド環境を活用した授業が日常化しています。また，学習者用デジタル教科書やデジタルコンテンツを活用して，従来の紙の教科書やノート等だけでなく，さまざまな学習ツールを用いて，子供たちの学びが進められる環境が少しずつ整ってきています。さらには，家庭での学習においても，情報端末を家庭に持ち帰って，インターネットで調査したり，ドリルソフト等で練習したりするなど，家庭での学びも変化してきています。

しかし，学校や学級，地域で活用状況に質的な格差が見られ，主体的学びや協働的な学びのアイテムとして活用できている教室はまだ少ない状況にあります。教師がICTを活用して授業を進め，子供たちが情報端末を受け身で活用する様子は見られるようになってきましたが，真の学習ツールとして情報端末を子供が主体的に活用している段階までにはまだ至っていないように思われます。

さらに，社会全体の情報化は加速度的に進み，AIやIoT等が発達して，これからの人材には新たなテクノロジーに関連するスキルや思考力も求められるようになります。子供たちのICTスキルが向上する一方で，ネット上のコミュニケーションや情報発信の責任など，賢い活用の在り方についてもしっかり考えていく必要があります。

そこで，本書では，授業での情報端末活用に加え，大型提示装置等の教室に整備されたICT機器を有効活用するための基礎的な理論と実践事例を組み合わせて解説して，実践と理論の往還から，教師のICT活用指導力を実践的・理論的に高めることにつなげることを目的としています。

(2) 誰に読んでほしいのか（ターゲット）

本書は，学校現場に関わる多くの関係者を対象としており，それぞれの立場やねらいに対応した内容を提供できるようにしています。

まず，小学校，幼稚園や保育園，こども園の教師を目指す大学生を対象としています。教育学部に所属する大学生は，教育職員免許法施行規則に定める教科及び教職に関する科目である「情報通信技術を活用した教育に関する理論及び方法に対応した科目」を受講することになり，確実に理解して，実践的な指導力を身に付けていく必要があります。本書では，そのような教員養成系の大学生が教科書として活用してもらいたいと考えています。

さらに，本書では，まだ授業経験が少ない若手教師やICT活用に苦手意識がある教師を対象としています。各都道府県が定める教員としての資質の向上に関する指標（いわゆる「教員育成指標」）において，「ICTや情報・教育データの利活用」が観点として追加され，教員の

ICT活用指導力の向上が求められています。本書は，ICTを活用した授業での指導力をしっかり高めたいという教師に対して，日常の指導に活かせる情報を提供したいと考えています。また，小学校，幼稚園や保育園，こども園等の複数の校種における好事例を整理した書籍としたことから，幅広い校種や立場に対応した書籍といえます。さらに，これからICT活用に挑戦する意欲をもつ教師に対しても，試行錯誤しながら実践を積み重ねていく上でも参考になると思います。

⑶　どんな内容なのか（本書の構成）

　本書は，前述したように，基礎的な理論と実践事例を組み合わせて解説して，実践と理論の往還から，教師のICT活用指導力を実践的・理論的に向上するような内容で構成しています。以下に，Chapterごとの内容を簡単に説明します。

　Chapter1「教育の情報化とは」では，東北大学大学院堀田龍也教授に「教育DX時代の学びの姿」について解説いただきました。次に，東京工業大学清水康敬名誉教授に「教育の情報化の経緯」について解説いただきました。さらに，教育の情報化の3つの柱である「情報教育の推進」，「教科指導におけるICT活用」，「校務の情報化のねらい」それぞれについて，山本が解説いたしました。

　Chapter2「授業での教師のICT活用」では，理論編と実践編に分けて解説いたしました。ここでは，授業の中で教師が主体となってICTを活用する場面のポイントや留意点等について解説しました。1項目めを山本，2項目めを野口が担当いたしました。各教科等での実践事例を取り上げて，授業を実践した授業者及び参観者が各教科等での活用場面をわかりやすく解説してあります。

　Chapter3「授業での子供のICT活用」では，授業の中で子供が情報端末を活用して学習を進める場合のポイントについて，理論編と実践事例で解説いたします。実践事例では，Chapter2と同様に，各教科等での実践事例を取り上げて，授業を実践した授業者及び参観者が各教科等での活用場面をわかりやすく解説してあります。また，Chapter4「幼児教育・保育でのICT活用」では小学校の事例だけでなく，幼稚園・保育園・認定こども園での事例も取り上げています。

　Chapter5「情報教育・プログラミング教育でのICT活用」では，情報活用能力の育成，プログラミング教育，情報モラル教育の視点から，その基礎的な理論を解説しています。プログラミング的思考の育成，情報モラルとデジタルシチズンシップなど，これからの社会を生き抜く子供たちが身に付けるべき資質・能力の視点から解説しています。また，各教科等での活用事例を取り上げて，その具体的な展開を実践した授業者がわかりやすく解説しています。

（山本　朋弘）

CONTENTS

Chapter 4 幼児教育・保育での ICT 活用

Chapter 5 情報教育・プログラミング教育での ICT 活用

Chapter 1

教育の情報化とは

教育 DX 時代の学びの姿

(1) 教育 DX を推進する必要性

　将来を予測することが容易ではない時代が到来しており，現在の子供たちが大人になった頃の社会はさらに急激に変化すると予想されています。これまでの常識で行動や制度を決定していては変化に対応できない恐れがあることから，既存の価値や枠組を覆して，新たな価値や考え方に移行する「DX（デジタルトランスフォーメーション）」によって生活や社会をよりよい方向へと変化させていくべきであると考えられています。

　この DX は，産業界でいえばビジネスモデルそのものを変えていくものです。学校教育ではどう捉えられるでしょうか。たとえば，従来行われてきた ICT 活用は，教師主導で児童生徒に学びを提供するという基本的な授業の在り方を変えないまま，より効率的でよりわかりやすい授業にするために行われてきました。これに対して教育 DX は，変化の激しい時代に対応させた学ぶべき内容や学び方をしっかりと習得するために，新たなテクノロジーを導入し，教師のみならず児童生徒が積極的に活用していくことによって，従来の授業の在り方やモデルをダイナミックに変えるものです。学習ログなどのデータを活用して児童生徒の学びが支援されると同時に，学校としての学習指導の進捗状況が可視化されます。また，在宅勤務やデジタル教材の共有など教師の働きやすさにつながります。学校外の専門家にもオンラインで協力してもらいやすくなります。学校教育のあらゆる面において変革をもたらすのが教育 DX なのです。

　では，教育 DX が順調に推進されるには，どのような条件が必要なのでしょうか。まず，学校現場の ICT 環境の整備が挙げられます。児童生徒が 1 人 1 台の情報端末を常に持っており，いつでも学習の道具として活用ができるようにすることから始まります。そのための情報端末の整備やクラウド環境の活用の推進，同時アクセスに十分に耐えうる高速なネットワーク環境の整備，さらには良質な学習リソースの提供などが必要となります。我が国では令和 2 年から令和 3 年までにかけて，国による「GIGA（Global and Innovation Gateway for All）スクール構想」が実施され，全国の公立小中学校で 1 人 1 台の情報端末やクラウド環境等が整備されました。すなわち，教育 DX が本格的に推進できる学習環境が整備されたのです。今後はこれらの学校生活全般での十全な活用に期待が寄せられています。

(2) 教育におけるデジタル化の推進

　文部科学省は，教育 DX の実現を図るために，「教育におけるデジタル化の推進」として，以下の内容を推進しています。

1. GIGA スクール構想による一人一台端末の活用をはじめとした学校教育の充実
2. 大学におけるデジタル活用の推進
3. 生涯学習・社会教育におけるデジタル化の推進
4. 教育データの利活用による，個人の学び，教師の指導・支援の充実，EBPM 等の推進

　小中学校においては，興味・関心や家庭環境などがそれぞれに異なる多様な児童生徒を「「誰一人取り残さない」ことこそが「公正」であると考え，個々の児童生徒に「個別最適な学び」を提供しようとしています。これが「GIGA スクール構想」が推進されている理由です。また，大学等においては，「数理・データサイエンス・AI 教育」の推進によって，デジタル時代に求められる新たな技術をすべての学生が理解し活用できるような教育を目指しています。

　小中学校においては，児童生徒は従来，紙の教科書や資料集などの教材，自分のノートで学んできました。1人1台の情報端末やクラウド環境を使えるようになり，学習環境が大きく変化しています。その学習環境の変化は，これまでのような教師が教えて児童生徒は受動的に学ぶという授業のスタイルだけでなく，児童生徒が自らの学習の進捗に合わせて学習を進めたり，興味・関心に従って問題を設定し，その解決に向かうためにインターネットを利用してさまざまな学習リソースにあたったり，クラウドで他者の学びを参照したり必要な情報を共有したりするような学習の展開が期待できます。

(3)　令和の日本型学校教育とは

　これから到来する予測困難な時代にあっても，大きな変化やさまざまな課題を乗り越え，持続可能な社会の創り手となることができる資質・能力を育むことが求められています。中央教育審議会の答申では，このような時代に生きていく児童生徒のための教育の在り方として「「令和の日本型学校教育」の構築を目指して〜全ての子供たちの可能性を引き出す，個別最適な学びと，協働的な学びの実現〜」という答申を示しています。この答申には，「令和の日本型学校教育」という考え方と同時に，「個別最適な学び」と「協働的な学び」という用語と，

それらの「一体的な充実」という方向目標が示されました。

　「令和の日本型学校教育」とは，これまでの日本の学校教育における実践成果を認めつつ，諸外国と比較した場合の情報化への対応の遅れや学習意欲の低下等の我が国の教育課題を指摘して，これから実現すべき日本の学校教育の姿を示したものです。具体的な授業改善として，個別最適な学びと協働的な学びを一体的に充実することによって，「主体的・対話的で深い学び」を実現するのだという考え方が示されました。

　例えば，個別最適な学びにおいては，児童生徒が自らの学びに見通しをもち，自己の学習の状況を把握し，次に行うべき学習方法を自己決定していくこととなります。個別最適な学びの実現には，1人1台の情報端末は不可欠です。

　一方，協働的な学びにおいては，児童生徒がお互いに協働したり，地域の方々をはじめとする多様な他者と協働したりして学びを進めていくことになります。この際にも1人1台の情報端末があることによって協働の作業ははかどります。自分だけでは気付けないことに気付き，自分だけでは実現できないことを達成していくことになります。他者を価値のある存在として尊重することや，これからの持続可能な社会の創り手となるような意思をもつことにつながります。

　個別最適な学びと協働的な学びはどちらか一方が重要ということではありません。それぞれの児童生徒の学びのタイミングでさまざまに変化する学びの様相の中で，児童生徒の目線から見れば，個別最適な学びと協働的な学びを自分の判断で相互に行き来することになります。この双方を児童生徒にとって充実させることで，今期の学習指導要領が求める主体的・対話的で深い学びが実現することになります。

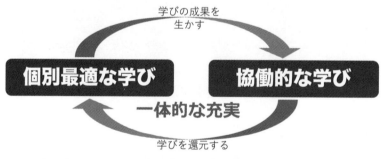

「令和の日本型学校教育」の姿

学びの成果を生かす

個別最適な学び　　**協働的な学び**

一体的な充実

学びを還元する

自立した学習者の育成をめざして

⑷　令和の日本型学校教育の構築に向けた ICT 活用の考え方

　「令和の日本型学校教育」を構築し，個別最適な学びと協働的な学びの一体的な充実を実現するためには，児童生徒1人1台の情報端末やクラウドツールなどの ICT 環境は必要不可欠

な学習基盤です。そのため，情報端末がなかった時代の学び方や教え方を新しい学習基盤のもとでどのように修正・発展させるのかという考え方が重要です。令和の日本型学校教育において ICT はマストアイテムと位置付けられており，これまでの教育実践と ICT 環境をどのように組み合わせることが 1 人 1 人の児童生徒にとってベストミックスとなるのかについて検討することが重要です。特に，児童生徒が日頃から情報端末を活用し，「文房具」のように取り扱うことができるようになった段階で生じる学び方の大きな変化は，従来の指導に固執している教師には想像がつきにくく，この点についてはそれぞれの教師および教師集団が授業方法を積極的に見直していく姿勢が肝要です。

また，GIGA スクール構想と同時に小学校で実現された35人学級や，高学年教科担任制など，従前の少人数指導やティームティーチングなど柔軟な指導体制を工夫することも重要です。不登校児童生徒への対応，特別な支援が必要な児童生徒への対応，外国にルーツをもつ日本語の通じない児童生徒への対応など，多様化する現実に適切に対応するために情報端末を大いに活用するという発想をもつことが求められます。

⑸ **教育データの利活用**

個別最適な学びの実現のためには，児童生徒の学習状況が記録され，必要に応じて集約され，児童生徒本人や教師に対して可視化されていることが望まれます。また，個々の児童生徒の学習状況が現段階でどのような分布になっているのかについて可視化されていることで，声がけすべき児童生徒を特定できたり，理解状況に合わせた適切な支援をしたりすることができます。授業を行う教師自身が授業後の学習ログで児童生徒の理解度を確認し，指導改善につなげることもできます。授業研究でも学習ログがエビデンスとして活用されるようになるでしょう。

このように，学習ログなど情報端末の利用によって記録される教育データを有効に利活用することが期待されています。自治体によっては，家庭の経済状況や生徒指導上の課題などと組み合わせた多面的なデータ分析などの取組も始まっています。さらに，学級や学校を超えて同じ教科書や教材を用いている国内の各学校の児童生徒の教育データがビッグデータとして蓄積されるようになれば，難易度単元の特定や標準的な時数配分などの見直しが全国レベルで行われることも可能となるでしょう。

これらの実現のためには，個々の教材やツール等で得られる教育データの形式を標準化することや，個人情報の観点からの適切な管理の在り方の検討が求められています。

【参考文献】
・文部科学省デジタル化推進本部（2020）「文部科学省におけるデジタル化推進プラン」
・中央教育審議会（2021）「「令和の日本型学校教育」の構築を目指して～全ての子供たちの可能性を引き出す，個別最適な学びと，協働的な学びの実現～（答申）」

（堀田　龍也）

教育の情報化の経緯

(1) 情報通信社会への対応の必要性

　急速な情報化やグローバル化の進展によって，家庭での生活でコンピュータやスマートフォンを日常的に活用するとともに，さらに AI や IoT，ビッグデータなどの新たな技術によって，人間生活に質的な変化がもたらされています。将来の変化を予測することが困難な時代を前に，子供たちが社会の変化に対して主体的に向き合って関わり，自らの可能性を最大限に発揮できるように成長していくことが重要です。

　新しい新時代に向けて我が国の強みを生かした教育の改革を推進していくため，教師の授業力の向上と積極的な ICT 活用のベストミックスを図りながら，創造的に課題を解決できる能力を育成することが求められています。また，主体的・対話的で深い学びの視点による学習改善を進めるとともに，新たな時代の学校に相応しい，一人一人の子供の理解度に応じた丁寧な教育を実現していくことが重要です。また，子供たちの情報活用能力を発達段階に応じて育成していくとともに，すべての教科の課題発見・解決等のプロセスにおいて，各教科の特性に応じ，ICT を効果的に活用していくことが重要であるといえます。

(2) 教育の情報化とは

　文部科学省は，平成23年４月に「教育の情報化ビジョン」を策定し，学校教育の情報化に関する総合的な推進方策を示し，教育の情報化が果たす役割を明示しました。また，平成22年10月に発表した「教育の情報化に関する手引」によれば，「教育の情報化」とは，次の３つの柱から構成され，これらを通して教育の質の向上を目指すものといえます。

【教育の情報化における３つの柱】

① 各教科等での ICT 活用　〜各教科等の目標を達成するための ICT の有効活用〜

② 情報教育　〜児童生徒の情報活用能力の育成〜

③ 校務の情報化　〜教職員の事務負担の軽減や児童生徒と向き合う時間の確保〜

---

　①各教科等での ICT 活用では，教室に常設している大型提示装置や実物投影装置，デジタル教科書等の ICT を教師や児童生徒が積極的に活用して，各教科等の目標や授業のねらいを達成することを目指します。②の情報教育では，各教科等で横断的・総合的に，児童生徒の情報活用能力を育成することを目指します。

　小学校では，情報手段に慣れ親しみ，情報を発信・伝達できる能力の育成が重要といえま

す。③の校務の情報化では、校務をデジタル化することから、教職員の事務負担を軽減し、児童生徒と向き合う時間を確保することを目指します。

　そして、上記の３つを総合的にバランスよく推進していくには、教師のICT活用指導力の向上や、学校のICT環境を整備していくとともに、教育の情報化を推進するための教育委員会や学校におけるサポート体制を整備していくことが極めて重要です。

(3)　教育の情報化の経緯

　教育の情報化に関する一連の流れは、昭和60年が始まりであるとされています。当時の臨時教育審議会や教育課程審議会等において、情報教育について検討され、将来の高度情報化社会を生きる子供たちに育成すべき能力として、「情報活用能力」を育成することが取り上げられるようになりました。情報活用能力を、「情報及び情報手段を主体的に選択し活用していくための個人の基礎的な資質」であるとし、これからの基礎基本として位置付け、今日の情報教育の基本的な考え方になっています。そして、平成２年には、「情報教育に関する手引」が作成・配布され、学校教育関係に大きな影響を及ぼし、学校教育にコンピュータが導入されることになりました。

　その後、情報化の進展に合わせて、情報教育の体系的な実施が求められるようになりました。平成９年に出された「体系的な情報教育の実施に向けて（第１次報告）」では、小学校から新設される「総合的な学習の時間」や、中学校における必修と選択による情報教育、高等学校に新設される教科「情報」において、系統的かつ体系的な情報教育が実施されることになりました。平成14年には、「情報教育に関する手引」を全面改訂し、新しい手引きを公開しました。改訂版にでは、各校種における情報教育の考え方・あり方や、教科のねらいと情報教育の目標を達成するための学習活動の関連が重視されていました。また、教師に求められる指導力と研修、ハード・ソフトの整備、校内体制作り等についても記述されました。

　その後、小学校学習指導要領が改訂されて、情報教育や授業におけるICT活用など、教育の情報化に関する内容が一層充実されるようになりました。そして、平成22年には、「教育の情報化に関する手引」が新たに策定され公開されました。これは、学習指導要領の改訂に対応したものであり、教育の情報化が円滑かつ確実に実施されるよう、教員の指導をはじめ、学校・教育委員会の具体的な取組の参考となる手引が作成されました。手引においては、「情報教育」の充実や「教科指導におけるICT活用」、「校務の情報化」について具体的な進め方等が示されていいます。その実現に必要な「教員のICT活用指導力の向上」と「学校におけるICT環境整備」、また、「特別支援教育における教育の情報化」についても解説が加わりました。さらに、教育委員会・学校の推進体制についても解説されました。

　令和２年には、改訂された学習指導要領に対応して、新しい「教育の情報化に関する手引」を作成されました。改訂版では、「情報活用能力」を学習の基盤となる資質・能力と位置付け、

教科等横断的にその育成を図ることが示されました。また，その育成のために必要な ICT 環境を整備し，それらを適切に活用した学習活動の充実を図ることとしており，情報教育や教科等の指導における ICT 活用など，教育の情報化に関わる内容の一層の充実を図ることが示されました。

　その後，閣議決定された「規制改革実施計画」における「教育における最新技術の活用」の項目では，「パソコンなどのデジタル機器（通信環境を含む）は，これからの学校教育において，机や椅子と同等に児童生徒一人一人に用意されるべきものであることを学校教育の現場に十分浸透させる」としました。法律の施行により，教育情報化の推進が明確化されています。令和元年6月 に，「学校教育の情報化の推進に関する法律」が公布・施行されました。国・地方公共団体・学校設置者は，学校教育の情報化推進に関して，施策を策定・実施し，必要な措置を行う責務があることを明記しました。

　令和元年12 月，内閣官房 IT 総合戦略室・総務省・文部科学省・経済産業省の連携により，児童生徒一人一人に個別最適化され，創造性を育む教育 ICT 環境を構築するために，令和時代のスタンダードとして学校 ICT 環境を整備する方向が提示されました。これらの流れの中で，文部科学省は，令和元年末に GIGA スクール構想を発表し，大規模な補助金を投入して，全国的な環境整備を推進しました。その内容は，児童生徒1人1台端末とクラウド環境を一体的に整備することで，特別な支援を必要とする子供を含め，多様な子供たちを誰1人取り残すことなく，公正に個別最適化され，資質・能力が一層確実に育成できる教育環境を実現することが可能となります。

　また，これまでの我が国の教育実践と最先端の技術をベストミックスさせることにより，教師・児童生徒の力を最大限に引き出すこととしました。そして，令和2年度中には，1人1台の情報端末と高速ネットワークの整備が完了することとなりました。

平成2年　「情報教育に関する手引」

平成14年　新「情報教育に関する手引」

平成19年　教員の ICT 活用指導力の基準チェックリストの策定

平成22年　「教育の情報化に関する手引」

平成30年　教員の ICT 活用指導力の基準チェックリストの改訂

令和元年　「学校教育の情報化の推進に関する法律」

令和2年　「教育の情報化に関する手引」

令和2年　GIGA スクール構想

(3) 教員のICT活用指導力

　教員のICT活用指導力は，これからの時代において，すべての教師に求められる基本的な資質能力であり，わかる授業の実現や情報モラルの育成のためには，ICT活用指導力の向上の必要性を理解し，校内研修等を積極的に活用して自ら研修を進めることが必要です。

　平成18年度末に，文部科学省では，「IT新改革戦略」に基づき，「教員のICT活用指導力の基準」チェックリストを策定しました。この基準は，児童の学習内容や学習形態に応じて，平成28年度に改訂されて，AからDまでの4つのカテゴリーで16のチェック項目で構成されています。その範囲は，授業におけるICT活用の指導だけでなく，情報モラルの指導ができることや校務にICTを活用できることも含まれています。

A　教材研究・指導の準備・評価・校務などにICTを活用する能力
B　授業にICTを活用して指導する能力
C　児童生徒のICT活用を指導する能力
D　情報活用の基盤となる知識や態度について指導する能力

---

(4) 教育の情報化に関する現状の把握

　文部科学省は，教育の情報化における公立学校のICT環境の実態を把握するために，毎年3月に実態調査を実施して，その結果を経年で公表しています。それによると教育用コンピュータは，GIGAスクール構想によって，令和2年から3年にかけて1人1台の情報端末が整備され，整備状況が飛躍的に向上したことがよくわかります。

　教員が校務で活用する校務用コンピュータの整備率では100%に到達していますが，普通教室の大型提示装置の整備率は71.6%と高まってきているものの，約半数の教室で大型提示装置が整備されていない状況で，これからも学校のICT環境の更なる充実が求められています。

　学校のICT環境の各種の整備と「教員のICT活用指導力」とは関係があります。インターネットを活用した遠隔教育の実施校と非実施校における「教員のICT活用指導力」の違いを分析した結果を一例として右図に示します。実施校の指導力A,B,C,Dが全て有意に大きい結果です。また，指導力B（授業にICTを活用して指導する能力）の実施校と未実施項の差が4ポイント大きいことがわかります。

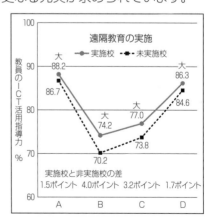

【参考文献】
・文部科学省「教育の情報化に関する手引」
・文部科学省「令和4年度学校における教育の情報化の実態等に関する調査結果」

（清水　康敬）

情報教育の推進

(1) 情報教育のねらい

　初等中等教育における「情報教育」は，児童生徒の「情報活用能力」をバランスよく，総合的に育成することを目標としています。情報活用能力は，「情報及び情報技術を適切かつ効果的に活用して，問題を発見・解決したり自分の考えを形成したりしていくために必要な資質・能力」と定義されています。情報や情報手段を主体的に選択し活用する，情報技術の基本的な操作，プログラミング的思考や情報モラル等を含む資質・能力であるといえます。

(2) 情報活用能力の3観点8要素

　平成9年10月の「情報化の進展に対応した初等中等教育における情報教育の推進等に関する調査研究協力者会議」第1次報告において，情報教育の目標として，「情報活用能力」を次の3つの観点，8要素に整理しました。これら3つの観点は独立したものではなく，3つの観点を相互に関連付けながら，バランスよく身に付けさせることが重要です。

A　情報活用の実践力

　　課題や目的に応じて情報手段を適切に活用することを含めて，必要な情報を主体的に収集・判断・表現・処理・創造し，受け手の状況などを踏まえて発信・伝達できる能力

　　■ 課題や目的に応じた情報手段の適切な活用

　　■ 必要な情報の主体的な収集・判断・表現・処理・創造

　　■ 受け手の状況などを踏まえた発信・伝達

B　情報の科学的な理解

　　情報活用の基礎となる情報手段の特性の理解と，情報を適切に扱ったり，自らの情報活用を評価・改善したりするための基礎的な理論や方法の理解

　　■ 情報活用の基礎となる情報手段の特性の理解

　　■ 情報を適切に扱ったり，自らの情報活用を評価・改善したりするための基礎的な理論や方法の理解

C　情報社会に参画する態度

　　社会生活の中で情報や情報技術が果たしている役割や及ぼしている影響を理解し，情報モラルの必要性や情報に対する責任について考え，望ましい情報社会の創造に参画しようとする態度

- ■ 社会生活の中で情報や情報技術が果たしている役割や及ぼしている影響の理解
- ■ 情報モラルの必要性や情報に対する責任
- ■ 望ましい情報社会の創造に参画しようとする態度

(3) 学習指導要領における資質・能力の３つの柱

　平成29・30年に告示された学習指導要領では，情報活用能力を，言語能力や問題発見・解決能力と同様に，「学習の基盤となる資質・能力」の一つに位置付けられました。さらに，子供の情報活用能力の育成は，教科等横断的な視点から教育課程の編成を図りながら，カリキュラム・マネジメントを機能させて進めていくこととしています。

　さらに，各教科等において育成する「資質・能力」と同様に，「知識及び技能」，「思考力，判断力，表現力等」，「学びに向かう力，人間性等」の３つの視点によって整理していくことが示されて，以下のように整理されています。

○知識及び技能（何を理解しているか，何ができるか）
　　情報と情報技術を活用した問題の発見・解決等の方法や，情報化の進展が社会の中で果たす役割や影響，技術に関する法律・規則やマナー，個人が果たす役割や責任等について，情報の科学的な理解に裏打ちされた形で理解し，情報と情報技術を適切に活用するために必要な技能を身に付けていること。
○思考力，判断力，表現力等（理解していること，できることをどう使うか）
　　様々な事象を情報とその結び付きの視点から捉え，複数の情報を結び付けて新たな意味を見いだす力や問題の発見・解決等に向けて情報技術を適切かつ効果的に活用する力を身に付けていること。
○学びに向かう力，人間性等（どのように社会・世界と関わりよりよい人生を送るか）
　　情報や情報技術を適切かつ効果的に活用して情報社会に主体的に参画し，その発展に寄与しようとする態度を身に付けていること。

(4) プログラミング教育の推進

　小学校学習指導要領解説総則編においても，小学校でプログラミング教育を推進することが明記されており，情報教育の内容に位置付けられています。小学校プログラミング教育では，子供たちのプログラミング的思考を育成し，コンピュータを活用しながら身近な問題を解決したり，よりよい生活や社会を築いたりしようとする態度を育成することをねらいとしています。また，プログラミング体験を取り入れることによって，各教科等での学びをより確実なものと

することもねらいとしています。

AI（人工知能）やビッグデータといった新たな技術が導入されていく中で，プログラミング教育が今後更に重要となってくることが予想され，指導する側の教師もプログラミング教育に関する知識や技能を高めることが求められています。

⑸　情報活用能力の実態把握

文部科学省が令和３年度に実施した児童生徒の情報活用能力の把握に関する調査研究では，児童生徒が情報活用能力をどの程度身に付けているか測定しています。この調査内容では，学習活動でコンピュータ等の情報手段を適切に活用して情報を収集・整理・比較したり，収集した情報をわかりやすく発信・伝達したり，共有したりするなどの能力を測定しています。調査対象は，小学校第５学年の児童約4500人となります。調査方法では，コンピュータを用いたテスト方式であるCBT（Computer Based Testing）方式で実施しています。

環境問題に関するWebページに書かれている内容を，正確に読み取ることができるかを問う問題では，小学生の正答率は，31.5%であり，Webサイトから情報を正確に読み取る能力は全体的に十分ではないと考えられます。プログラミングに関連する問題では，明るさセンサーについて，プログラムのフローチャートを完成させることができるかを問う問題が出題されました。この問題での小学生の正答率は41.3%であり，十分な結果とはいえない状況です。

さらに，ICT機器（情報端末）の基本的な操作方法の実態を把握するために，小学校第５学年の児童約5000人を対象に，キーボードによる１分間あたりの文字入力数を調査しました。以下の結果から，まだ十分な文字入力数ではないことがわかります。

キーボードによる１分間あたりの文字入力数

１分間あたりの文字入力数	小学校	中学校	高等学校
平均値（文字）	15.8	23.0	28.4

⑹　情報モラル教育とは

社会の情報化が進展する中で，情報化の「影」の部分を十分理解した上で，情報社会に積極的に参画する態度を育てることは，今後ますます重要になります。子供たちにもスマートフォンやコンピュータ等を使ったネット利用が急速に普及し，ネット上での誹謗中傷やいじめ，ネット上の犯罪や違法・有害情報などの問題が発生しており，こうした問題を踏まえ，「情報モラル」について指導することが必要となっています。

「情報モラル」とは，
「情報社会で適正に活動するための基となる考え方や態度」のことである。

その範囲は，「他者への影響を考え，人権，知的財産権など自他の権利を尊重し情報社会での行動に責任をもつこと」，「危険回避など情報を正しく安全に利用できること」，「コンピュータなどの情報機器の使用による健康とのかかわりを理解すること」など多岐にわたる。

(7) インターネット利用の状況

　以下のグラフは，インターネットの利用時間に関する調査結果です。小学生で1日の利用時間が2時間以上の割合が約7割以上となっており，利用時間が年々長くなっている状況です。これは，健康面への配慮からも十分留意する必要があります。また，利用目的も学習より娯楽の方が長くなっていて，何のためにインターネットを利用するのか，その目的意識を明確にもたせることが重要となっています。さらに，幼児等の低年齢層での利用が著しく高くなっており，幼児教育の段階から，インターネット利用について保護者や地域とともに考えていく必要があります。また，家庭でのルールを決めている割合は，小学生段階で約8割に止まっており，子供たちが自ら考えて行動するためのルールづくりを考えていくことが求められています。

　また，スマートフォンの普及によって，子供たちが家庭で使用する機器も変化してきています。10歳を境にして，子供専用のスマートフォン所有の割合は約6割を越える結果となっており，情報安全やセキュリティについて，子供たち自身が考えて利用するように支援していく必要があります。

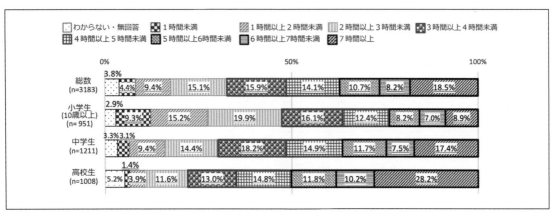

青少年のインターネットの利用時間（平日1日あたり）
（内閣府：令和4年度青少年のインターネット利用環境実態調査結果から）

【参考文献】
・文部科学省「教育の情報化に関する手引」
・内閣府「令和4年度青少年のインターネット利用環境実態調査結果」
・文部科学省「児童生徒の情報活用能力の把握に関する調査研究」【情報活用能力調査（令和3年度実施）】

（山本　朋弘）

教科指導における ICT 活用

(1) 教科指導における ICT 活用のねらいと意義

前章でも記述したように，情報活用能力は学習の基盤となる資質・能力であり，各教科等の特質を活かし教科等横断的な視点から育成するものです。この情報活用能力を確実に向上させていくには，各教科等での学習場面で計画的な取組を進めて，各教科等における主体的・対話的で深い学びへとつながっていくことが一層期待されます。さらに，子供が ICT を学習や日常生活の道具として活用できるようにするため，各教科等においてこれらを適切に活用した学習活動の充実を継続的に進めることが求められています。

(2) 学習場面に応じた ICT 活用の分類例

ICT 活用は，各教科等の授業における指導の充実のためであり，学習指導要領の趣旨を踏まえ，子供たちの資質・能力の育成のために効果を発揮するものでなければなりません。また，単に授業で ICT を活用すれば教育効果が期待できるものではありません。ICT 活用の場面やタイミング，活用する上での創意工夫など，教師の指導力がその活用効果に大きく関わってきます。つまり，「ICT そのものが子供たちの資質・能力を向上させる」のではなく，「ICT 活用が教師の指導力に組み込まれることによって子供たちの資質・能力の向上につながる」といえます。文部科学省の「教育の情報化に関する手引」では，ICT を効果的に活用した学習場面は，「一斉指導による学び（一斉学習）」，「子供たち一人一人の能力や特性に応じた学び（個別学習）」，「子供たち同士が教え合い学び合う協働的な学び（協働学習）」の3つに分類しています。

A. 一斉学習	教師による教材の提示（A1）
B. 個別学習	個に応じた学習（B1） 調査活動（B2） 思考を深める学習（B3） 表現・制作（B4） 家庭学習（B5）
C. 協働学習	発表や話合い（C1） 協働での意見整理（C2） 協働制作（C3） 学校の壁を越えた学習（C4）

⑶ **学習場面に応じた活用ポイント**

A. 一斉学習

　A. 一斉学習では，授業での教師による ICT 活用が想定されています。教師が授業のねらいを提示したり，学習内容をわかりやすく説明したりするために，その指導方法の1つとして教師が ICT を活用します。教師が ICT を活用して映像や音声といった情報を提示することは，発問，指示や説明とも関わりが深く，すべての教科指導の数多くの指導場面で実施することが可能といえます。

　より高い教育効果に結び付けるためには，ICT を活用した指導に加えて，日頃からの子供の実態把握，授業における活用のタイミング，発問，指示や説明といった従来からの教師の力量も重要となります。このことを踏まえると，教師の ICT による提示は，板書の代わりになるものではありません。あくまでも教具の1つであって，提示した情報について説明などをした上で，従来どおり板書をしながら，子供にノートをとらせる指導も重要となります。

B. 個別学習や C. 協働学習

　B. 個別学習や C. 協働学習では，児童生徒による ICT 活用が想定されています。教科内容のより深い理解を促すために，児童生徒が，情報を収集・選択したり，文章や図・表にまとめたり，表現したりする際に，あるいは，繰返し学習によって知識の定着や技能の習熟を図る際に，ICT を活用することです。この児童生徒の ICT 活用では，1人1台の情報端末を活用した学習過程が前提となり，どのような学習場面でどのような端末活用で進めるのかが重要となります。各教科等の特質に応じて，次の学習活動を計画的に実施することが示されています。

B. 個別学習で想定される学習場面の例
① 　個に応じた学習（B1）

　個に応じた学習を実施するにあたって，個々の特性に応じてカスタマイズできるデジタル教材を用いることにより，それぞれのペースで理解しながら学習を進めて知識・技能を習得することができます。また，活動の様子を記録・再生して自己評価に基づく練習を行ったり，デジタルポートフォリオを活用して記録したり，自己評価を行ったりすることも考えられます。

② 　調査活動（B2）

　インターネットやデジタルコンテンツを活用した情報の収集，観察における静止画や動画等による記録など，学習課題に対応した調査活動を行うことができます。学習者用情報端末を活用して，静止画・動画等の観察情報を記録・保存することで，細かな観察情報による新たな気付きにつなげることができます。

③　思考を深める学習（B3）

　シミュレーションなどのデジタルコンテンツを活用した試行によって，考えを深める学習を行うことができます。試行を容易に繰り返すことが可能となり，学習課題への関心が高まるとともに，学習内容への理解を深めることができます。また，シミュレーション機能や動画コンテンツ等を用いることによって，通常では難しい実験・試行を行うことができます。

④　表現・制作（B4）

　静止画，音声，動画等を用いた多様な表現を取り入れた資料・作品を制作することが挙げられます。静止画，音声，動画等のマルチメディアを活用して，多様な表現を取り入れることによって，作品の表現技法の向上につなげることが可能となります。

⑤　家庭学習（B5）

　学習者用情報端末を家庭に持ち帰って，動画やデジタル教科書・教材などを活用して家庭で授業の予習・復習を行うことができ，子供たちのペースで継続的に学習に取り組むことが可能となります。

C. 協働学習で想定される学習場面の例

①　発表や話合い（C1）

　学習課題に対する自分の考えを，書き込み機能を持つ大型提示装置を活用して，グループや学級全体に拡大して提示し，発表や話合いを行うことが挙げられます。

②　協働での意見整理（C2）

　学習者用情報端末やクラウドサービス等を活用して，グループ内で複数の意見・考えを共有し，話合いを通じて思考を深めながら協働で意見整理を行うことが挙げられます。さらに，クラウドサービスを活用するなどして，互いの進捗状況を把握しながら作業することにより，意見交流が活発になって，学習内容への思考を深めることが可能となります。

③　協働制作（C3）

　学習者用情報端末を活用して，静止画・動画等を用いた資料・作品を，グループで分担したり，協働で作業しながら制作したりすることが挙げられます。グループ内で役割分担し，クラウドサービスを活用するなどして，同時並行で作業することにより，他者の進み具合や全体像を意識して作業することが可能となります。

④　学校の壁を越えた学習（C4）

　インターネットやWeb会議システム等を活用して，遠隔地や海外の学校，学校外の専門家等との意見交換や情報発信などを行うことが挙げられます。例えば，Web会議やクラウド環境を用いて，他校の子供たちや地域の人々，専門家と交流し，異なる考えや文化に触れ関わることによって，多様な見方や考え方を身に付けることが可能となります。

（山本　朋弘）

校務の情報化のねらい

(1) 校務の情報化のねらいと意義

　校務の情報化の目的は，効率的な校務処理とその結果生み出される教育活動の質の改善にあります。また，校務が効率的に遂行できることで，教職員が子供と触れ合う時間を確保できるようになります。各種情報が教職員間で共有化され，教職員間の連携を深めることができるようになります。学校内のさまざまな教育データを共有することによって，児童生徒の個別最適な学びを支援することが可能となります。さらに，校内ネットワーク上に蓄積・共有された教材を効率的に活用して，よりよい授業づくりのヒントを得て，より質の高い魅力ある授業を実現することにつながります。

　しかし，校務の情報化においては，個人情報保護やセキュリティについての重要性を十分認識しておく必要があります。子供の情報は，あくまでも保護者から預かっているものであるという意識をもち，市町村や学校における情報セキュリティポリシーを遵守し，電子データの持ち出しなどの情報漏洩を防ぐようにする必要があります。

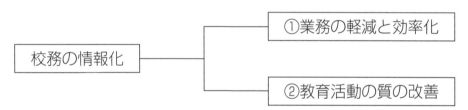

① 業務の軽減と効率化

　校務の情報化によって，教職員の業務の軽減と効率化を実現することで，教育活動そのものに変化が生じてくると考えられます。例えば，グループウェアや電子メール，SNS等の有効活用で，職員朝会の時間を短縮し，そこにすきま時間が生まれます。わずかな時間とはいえ，教師の心の余裕の時間や子供とのコミュニケーションの時間が増すことで，子供に関わる時間が生み出されて，教師が取り組む本来の業務に専念することが可能となります。

② 教育活動の質の改善

　業務の軽減と効率化によって，教育活動の質まで大きく変化していきます。例えば，教職員間の情報共有も進み，学級担任や教科担任が単独で見ていた学習や生活の記録の学習者情報を電子化・共有化することによって，複数の教職員の目で見た多様かつ広範な評価を，児童生徒や保護者に返すことができるようになります。また，学習者情報の共有で，先輩教師の所見を読むことによって，児童生徒をどのような視点で見ればよいのか，その子がもつよさをどう文

章に表現するかなどを学ぶこともできます。

⑵ 学校経営の改善と効率化

　校務の情報化では，学校経営そのものに変化をもたらし，教師の業務軽減と効率化により，本質的な業務に費やす時間を生み出すことができるようになります。また，グループウェア等の活用によって，教職員のコミュニケーションを活性化し，管理職の判断をスピーディにしていきます。さらに，地域住民や学校評議員等，日頃から関わりがある外部とのやり取りにおいても，電子メールやSNS等は有効なツールといえます。学校評価（自己評価）においては，クラウド環境を活用して，Webアンケートを作成・処理するなど，事務処理にかかる時間を極力短縮し，分析と今後の方策を考える時間を増やしているケースもあります。

⑶ 保護者と地域との連携

　学校がWebページを開設して，地域や家庭に対して情報発信をするようになってきました。CMS（コンテンツ・マネージメント・システム）の導入によって，頻繁なWebページ発信を組織的に進めることができるようになりました。積極的な情報発信は，保護者や地域にとって日々の教育活動を知ることができ，学校を理解するための情報源となります。また，児童生徒からの情報だけでは偏った情報になりがちであり，それを補完する意味でもその価値は大きいといえます。

⑷ 児童生徒の安全・安心情報の提供

　校務の情報化は，子供の安全・安心な情報の提供においても有効といえます。例えば，保護者の携帯メールやSNSに対して，警察・教育委員会から不審者情報や暴風警報による緊急下校等の緊急情報を流すことが可能となり，子供の安全について注意を促すことができます。また，家庭や地域の住民にもメールやSNS等によって一斉に情報を流すことが可能であり，子供の登下校の指導や，学校行事への協力などを依頼する際にも有効なツールとなります。

⑸ 統合型校務支援システム

　統合型校務支援システムとは，「教務系（成績処理，出欠管理，時数管理等）・保健系（健康診断票，保健室来室管理等），学籍系（指導要録等），学校事務系など統合した機能を有しているシステム」を指します。単に成績を処理するだけなく，グループウェアの活用による情報共有も含め，広く「校務」と呼ばれる業務全般を実施するために必要となる機能を実装したシステムといえます。

　統合型校務支援システムを導入するメリットは，情報システムの利用によって校務における業務負担を軽減できるだけでなく，情報を一元的に管理することが可能となり，校内で情報を

共有することでより質の高い教育活動につなげることができる点にあります。そういった点から見ても，統合型校務支援システムは，広く学校運営を支える情報基盤であるといえます。

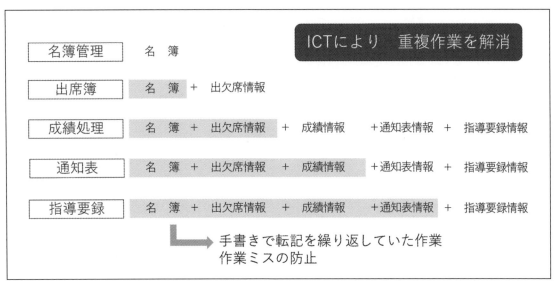

統合型校務支援システムのデータ構造の仕組み

⑹　教育データの利活用

　これまで述べてきたように，デジタル化によって，業務負担の軽減や指導改善などを図ることが可能になるだけでなく，ビッグデータなどの教育データの利活用によって，新たな教育価値の創出を目指していきます。教育データとして，児童生徒のスタディ・ログ（学習履歴）やライフ・ログ（生活履歴），教師のアシスト・ログ（支援履歴），学校設置者の運営に係るデータなど，大量かつ多様なデータが挙げられます。

　これらの教育データの利活用は，教師の立場からすると，よりきめ細かい指導や支援が可能となり，これまでの指導の経験や知見を照合することで授業者としての成長にもつながります。子供の立場から教育データの利活用を考えてみると，子供自身が教育データを活用することで，これまでの自らの学びを振り返ったり，学びを広げたり，伝えたりすることが可能になります。さらに，保護者から見ると，データがデジタル化されていて，子供の情報を共有したいことから学校との連携が容易となると考えられます。

【参考文献】
・堀田龍也監修・校務情報化支援検討会編集（2015）『「校務の情報化」で学校経営がこう変わる』教育開発研究所
・堀田龍也監修・校務情報化支援検討会編集（2012）『管理職・ミドルリーダーのための「校務の情報化」入門』教育開発研究所

（山本　朋弘）

Chapter
2

授業での
教師の
ICT 活用

教師の ICT 活用と情報端末

 学習場面に応じた ICT 活用

(1) 学習場面と教師の指導力

　授業での ICT 活用は，各教科の授業における指導の充実のためであり，学習指導要領の趣旨を踏まえ，授業の目標を達成することを目指しています。授業での ICT 活用は，教師の指導力が大きく関わっていますから，どのように授業をデザインして，子供たちの学習場面を設定していくかが重要となります。

(2) 学習場面に応じた ICT 活用の分類

　授業で ICT を活用する際の活用の主体は，(1) 教師が主に活用する，(2) 子供たちが活用するという2つが想定されます。(1) 教師が主に活用するにおいては，教師が学習指導の準備や評価のために ICT を活用する場面が考えられます。また，授業において教師が ICT を活用する場面も含まれます。

　p.24で説明したように，ICT を活用した学習場面は，3系統の10分類に分けられます。本章の教師の ICT 活用では，特に A 一斉学習での活用として，教師による教材の提示を取り上げて解説していきます。

学習場面に応じた ICT 活用の分類表

A. 一斉学習	教師による教材の提示（A1）
B. 個別学習	個に応じた学習（B1） 調査活動（B2） 思考を深める学習（B3） 表現・制作（B4） 家庭学習（B5）
C. 協働学習	発表や話合い（C1） 協働での意見整理（C2） 協働制作（C3） 学校の壁を越えた学習（C4）

教師による ICT を活用した教材の提示

⑴ 教師の教材提示のポイント

　教師の ICT 活用では，教師が大型提示装置やコンピュータ，実物投影機等の ICT を活用して，画像，音声，動画などを拡大したり書き込みながら提示したりすることにより，学習課題等を効果的に提示・説明することができます。そして，子供たちの興味・関心の喚起につながるとともに，学習活動を焦点化し，子供たちの学習課題への理解を深めることができます。以下に，教師の拡大提示による効果をまとめました。

教師の拡大提示による効果

・教師が教材を拡大して提示することによって，子供が注目するようになり，集中して教師の説明を聞くことができます。
・拡大された教材から，子供の理解を深めることができ，効率的に学習内容を理解させることが可能となります。
・教師用デジタル教科書を活用することで，コンテンツの準備の手間を省くことができ，スムーズな授業の準備や展開が可能となります。
・教師がプレゼンテーション等を用いて提示することで，提示する教材はデジタル化されていることから，教材の保存や管理が容易になり，次の指導でも容易に活用できます。

　教師が ICT を活用して提示する教材として，以下の内容が挙げられます。

・教師用デジタル教科書や教材コンテンツ
　　挿絵などの静止画，動画，教科書の本文など，多様なコンテンツから選択することができます。
・実物や子供のノート・シート
　　教師が手元で実物を使って操作したり，子供が記入したノートやシートをその場で拡大したりして説明することができます。
・教師が作成したプレゼンテーション等
　　教師が予定する内容や時間など，プレゼンテーション等の中で調整することができ，授業者である教師の意図が反映されやすい資料となります。

⑵ 各教科での教材提示の具体例

　教師の拡大提示は，さまざまな教科等において実践することができ，授業の導入や展開，ま

とめの場面などで教師が説明や指示を行うことができます。以下に，各教科等での活用場面を挙げてみます。以下の内容以外にも，多くの場面が考えられます。

【国語での活用場面】
・話す・聞くにおいて，学習の見通しをもたせるためにスピーチのモデル動画を提示する。
・写真や映像を豊富に収録しているデジタル教科書を活用して，教材への興味・関心を高めたり，これから学習する内容を概観させたりする。
・書写の指導で，拡大提示装置やデジタル教科書を活用して，毛筆を使用した点画の書き方への理解を深め，筆圧に注意して書くことを意識させる。

【社会での活用場面】
・地図や図表を含む教師用デジタル教科書や自作コンテンツ等の ICT を活用して，学習対象を視覚的でわかりやすく提示して，子供が学習対象に興味や関心を抱くようにする。

【算数での活用場面】
・教師が，コンピュータなどを用いて図形を動的に変化させることで，図形についての感覚を豊かにすることができる。

【理科での活用場面】
・複数の自然の事物・現象を同時に比べたり，時間的な前後の関係で比べたりすることで，問題を見いだすことができる。その際，ICT を活用して，着目するポイントを明確にすることにより，差異点や共通点を明らかにすることができる。

【生活での活用場面】
・教師が活動の様子を動画で撮影しておき，子供が自らの取組を振り返るときに，教師が撮影した動画を提示する。

【図画工作での活用場面】
・材料や用具の扱いについて指導する際に，どの子供からも細部が見えるように大型提示装置などを用いて，方法や実演の映像をわかりやすく伝える。

【家庭科での活用場面】
・活動の過程をデジタルカメラやビデオで撮影し，その映像を子供の振り返りに活用したり，評価を行う際の資料にしたりする。

【体育科での活用場面】
・模範となる演技の動画やチームの動きを大型提示装置等で提示して，技能の習得を図るようにする。

(3) **教師の ICT 活用での留意点**

次ページ左の写真は，幼稚園で実物投影機を活用して，折り紙の折り方を説明している様子

です。子供たちの視線が集中していることがよくわかります。また，教師の手元が大きく映し出されることで，教室全体で理解を深めることが可能となります。また，右下写真のように，大型提示装置による拡大提示と教師による板書をうまく組み合わせながら，子供の理解を深めていくようにします。

実物投影機を用いた説明

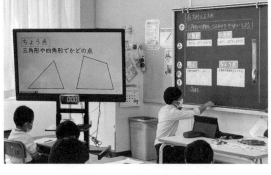

大型提示装置と板書の組み合わせ

　以下の写真は，子供が完成された思考ツール（左下写真）と，子供の感想をテキスト分析した結果（右下写真）の様子です。1人1台の情報端末やクラウドツールの活用と組み合わせて，教師が提示して説明することも考えられます。

思考ツールを用いた説明の様子

ワードクラウドの結果を提示する様子

　教師の提示において，より高い教育効果に結び付けるためには，ICT活用に加えて，日頃からの子供の実態把握，授業における活用のタイミング，発問，指示や説明といった従来からの授業の展開との融合も重要となります。この観点から考えれば，ICTによる情報の提示は，板書の代わりになるものではありません。提示した情報について説明などをした上で，従来どおり重要な点は板書をしながら，子供にノートをとらせる指導も必要となります。

【参考文献】
・文部科学省（2020）「教育の情報化に関する手引」

（山本　朋弘）

「新たな教師の学びの姿」の実現に向けて

 ## 拡大掲示で理解を深めるための教師の活用事例

(1) 算数の学習における考え方の共有場面

小学校5年生の算数科の授業に，平行四辺形や台形，三角形等の面積を求める授業があります。例えば，平行四辺形の面積を求める際には，これまでに学習した長方形や正方形に形を変えて面積を求めます。実際の授業では，子供たちは，配付されたワークシートなどに線を書き込むなどして，どのように考えたのかを示していきます。その後，それぞれが考えたことを共有していくのですが，電子黒板を活用することで，容易に子供たちの考えを共有できますし，理解を深めることにもつながります。

例えば，平行四辺形（高さが底辺の中に示されていない場合）の面積を求める授業では，これまでに学習した，台形や長方形等に形を変えて求めます（図1参照）。

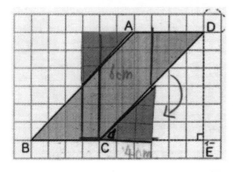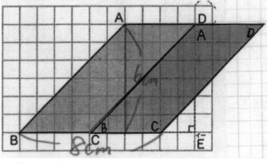

図1 子供のノート

その後，子供たちが考えた方法を全体で共有するのですが，多様な考え方がある場合は，電子黒板を有効に活用することで，子供の理解を深めることにもつながります。写真は別単元での授業ですが，電子黒板に子どもの考えを示している様子です。ノートを用いた授業では，書画カメラで示すこともできますし，1人1台端末を用いた場合は，互いに見せ合ったり，教師用端末から配付したりすることで共

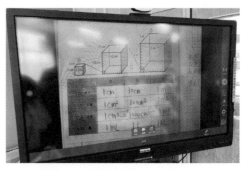

図2 電子黒板でのノート提示

有することもできます。

(2) 漢字の学習における筆順指導

　国語の学習で漢字の指導を行う際に，電子黒板，デジタル教科書を活用して指導する方法があります。新出漢字を指導する際には，一般的には指で書いたり，空書きをしたりした後にドリル等を活用しながら学習を進めていきます。デジタル教科書内には，筆順のアニメーションが準備されています。空書きをする際にアニメーションを電子黒板に投影することで，子供たちはアニメーションを見ながら書くことができますし，

図3　デジタル教科書を使用した筆順指導

教師は正しい筆順で書くことができているか確かめることができます。教師がお手本となって子供たちに書かせようとすると，教師は子供たちの様子を観察することが難しくなります。ただし，電子黒板に示したことは次の漢字の学習に移れば消えてしまうので，黒板に学習した漢字を残していくことも必要です。わかりやすいというアニメーションのよさと，黒板のよさとを使い分けることでより子供たちの理解が深まります。

(3) 理科の学習における実験結果を共有する活動

　理科の学習でグループごとに実験を行うことがあります。その際には，各グループに実験の様子を，カメラ機能を用いて撮影させておきます。そして，全体で結果を共有する際に，その様子を見ることで同じ条件で行った際の共通点や条件を変えた場合の相違点などについて話し合うことができます。また，動画ではなく写真の撮影でも，電子黒板に撮影した写真を提示しながら子供が説明する活動を取り入れることもできます。これまでの学習では，実験の結果をノートに書き，それを発表しながら黒板にまとめるという流れが一

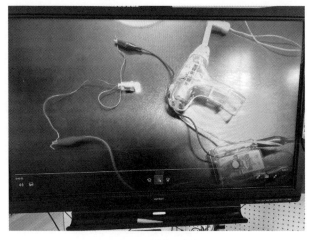

図4　実験の動画

般的であったと思いますが，ICT を活用することでよりわかりやすく，そして，理解を深めることができます。

⑷ 技能の定着を要する場面での活用

　各教科の中で，技能面の定着が求められる場面があります。算数であれば分度器やコンパスの使い方，家庭科であれば包丁やミシンの使い方などです。デジタル教科書と電子黒板を活用すると，言葉での説明ではなく，実際に映像を見ながら理解することができるため，定着度が高まります。また，自治体によっては実物投影機が各教室に整備されています。実物投影機を用いるよさは，手元で行う作業等をリアルタイムで見せることができることにあり

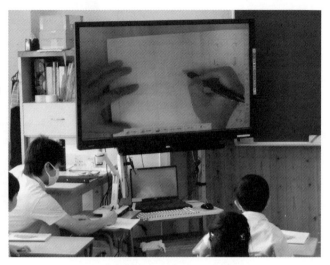

図5　書画カメラを用いたノート指導

ます。デジタル教科書の映像では不十分であると感じた場合に付け加えて指導することもできます。また，低学年のノート指導を行う際などには，実際にノートのどこに書くのかなどを示すことができ，効果的な活用法となります。

授業を効率的に進めるための教師の活用事例

⑴ 調べ学習

　社会科の学習では，地域の様子や全国の様子について学習をします。例えば，地域の様子については校外学習を行ったり，各自治体の副読本を用いたりしながら学習を行います。また，地理について学習する際には地図帳を用いながら学習を進めます。しかし，校外学習に出かける機会は限られますし，地図帳等だけでは実際の様子がわかりにくいことがあります。そこで，Google マップを活用することで自分が調べたい場所の様子を現実に近い形で知ることができます。例えば，「平野」というものがどういうものか，拡大した状態を見た後に，ストリートビューを用いてその地点に降り立ち，実際の様子を知ることができます。

⑵ 調べ学習におけるまとめ

　社会科の学習では，各自がテーマをもって調べ学習を行うことがあります。そして調べたことを発表する際には，PowerPoint を活用することで，授業を効率的に進めることができま

す。例えば，PowerPoint のスライドを子供に配付し，共同編集ができるようにしておきます。子供たちには，右に示したように，調べてまとめる項目をあらかじめ伝えます。これをもとに，調べたことを PowerPoint のスライドにまとめる学習を行います。この学習のよさは，教師が子供の学習進度を一目で把握できることと，学習が進まない子供が，他の子供のスライドを参考にすることができることです。調べる観点を示すと多くの子供は調べることはできますが，どのようにまとめてよいかわからない子どももいます。その場合は，他の子どものスライド資料を見ながら進めることで，まとめ方を理解することができます。それでもまとめることが難しい子供がいる場合は，教師が共同編集の画面を見ながら把握し，個別指導を行うことができます。

【必須項目】
① 人名
② 時代
③ 出身地
④ 地図
⑤ 政策等
⑥ 感想

【任意項目】
① 関連人物
② 時代背景
③ エピソード
④ その他

図6　調べ学習で提示するテーマ

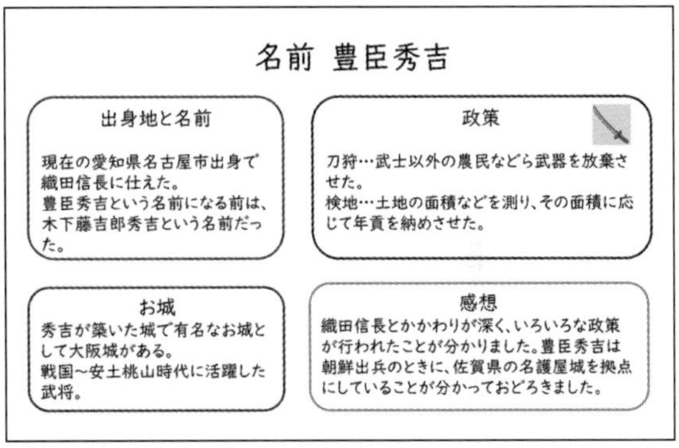

図7　子供がまとめた例

⑶ 振り返り場面での活用

各教科の学習において，授業の最後に振り返りを書く時間を設定し，学習のまとめを行うことがあります。その際に，ノートに振り返りを書かせることでもよいのですが，より効率的な方法として Microsoft Forms を活用する方法があります。Microsoft Forms に選択式や記述式の項目を準備しておきます。子供たちはそれぞれの項目に回答しますので，その回答を電子黒板で紹介することができます。選択式の項目であれば全体の割合をその場で確認することもできます。また，Microsoft Forms を利用してテストを作成し，知識の定着度を見ることもできます。小テストの答えはその場で確認できますので，効率的に学習を進めることができますし，苦手な問題を把握することも容易にできます。Microsoft Forms にあるタイマー機能を使用すれば，教師の負担も少なく実施することができます。（野口　太輔）

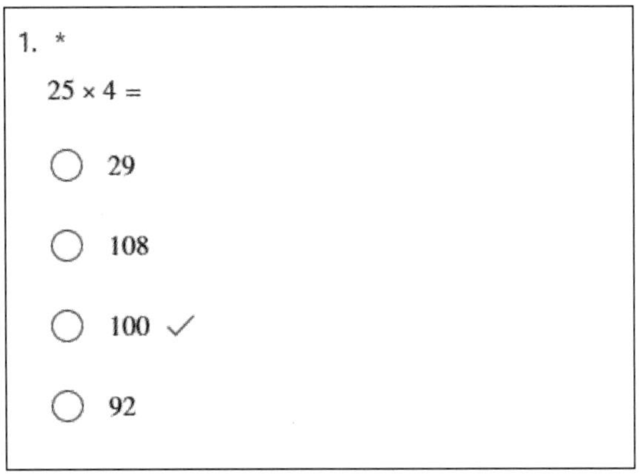

図8　たしかめ問題の例

Chapter 3

授業での子供のICT活用

各教科等で目指す ICT 活用のポイント

　ここでは，各教科等の目標や学習内容に対応した ICT 活用のポイントについて，子供が情報端末等の ICT を活用した学習過程を中心に整理していきます。

 ## 国語科での活用ポイント

　国語科では，各領域の学習過程を踏まえ，子供が情報端末等の ICT を主体的に活用する学習場面を以下のように整理しました。これらの活用場面をもとにして，国語科における ICT 活用をイメージしてみてください。

① 情報を収集して整理する場面
　・インターネットを活用して学習課題に関連する情報を調べ，集めた情報を整理する。
　・収集した情報をフォルダに保存し，表計算ソフトなどを活用してデータベース化する。

② 自分の考えを深める場面
　・自分で考えたことを画面上の付箋に書き出し，付箋を目的や意図に応じて分類する。
　・プレゼンテーション上でスライドを並べ替えるなどして，自分の伝えたいことがより明確に伝わるよう，情報を取捨選択したり，話や文章の構成を考えたりする。
　・デジタル教科書上で自分が重要だと考えた箇所に線を引き，友達と比較するなどして，考え直した場合に線を引き直す。

③ 考えたことを表現・共有する場面
　・スピーチや話し合いの様子を録画・再生して自分の話し方を確認したり助言し合ったりする。
　・プレゼンテーションソフトを活用して発表資料を作成する。

④ 知識・技能の習得を図る場面
　・古文や漢文等の教材となる動画を視聴して，言葉の響きやリズムに親しむ。
　・書写の指導において，デジタル教科書等を活用して，点画の書き方への理解を深める。

⑤ 学習の見通しをもったり，学習した内容を蓄積したりする場面
　・モデルとなるスピーチの動画を視聴し，学習の見通しをもつ。
　・自分の必要に応じて適宜参照できるよう，学習した内容を個人のフォルダに蓄積する。

社会科での活用ポイント

　社会科では，「社会的事象を調べまとめる学習」から活用ポイントを整理することができます。社会的事象を調べる学習過程では，以下のような活動が想定されており，その活動に対応したICT活用が期待されます。ICTを活用した学習場面を想定して，単元を通した授業デザインが必要です。野外や地域等において，以下のICTを活用した調査活動が期待されます。

> ・現地の様子や実物を観察し，写真や動画で記録するなど，必要な情報を集める。
> ・情報端末を活用して，地図を用いて，現地との対応関係を観察し，情報を集める。
> ・行政機関や事業者，地域住民等を対象に聞き取り調査を行う際に記録する。
> ・行政機関や事業者，地域住民等を対象に，アンケート調査などを行い，情報を集める。

　社会的事象をまとめる学習過程では，情報端末を活用して，以下の活動場面を想定することができます。自分のメモにまとめたり，地図上にドットでまとめたりするなどが考えられます。また，雨温図のように，数値情報をグラフに転換するなどが挙げられます。

> ・項目やカテゴリーなどに整理してまとめる。
> ・順序や因果関係などで整理して年表にまとめる。
> ・位置や方位，範囲などで整理して白地図上にまとめる。
> ・相互関係を整理して図（イメージマップやフローチャートなど）にまとめる。
> ・情報機器を用いて，デジタル化した情報を統合したり，編集したりしてまとめる。

　社会的事象を調べまとめる学習において，情報モラルや情報セキュリティ等の観点から，資料の表題，出典，年代，作成者などを確認し，その信頼性を踏まえつつ情報を集めるよう，指導する必要があります。また，情報手段の特性や，情報発信者の意図，発信過程などに留意して情報を集めるように指導していきます。

 ## 算数科での活用ポイント

　具体的な体験を伴う学習等を通じて，子供に算数の論理を理解させることが大切であり，教師の丁寧な指導のもとでICTを活用する場面を適切に選択することが必要です。
　例えば，表やグラフの作成では，多量なデータでも，目的に応じていろいろなグラフを一瞬で簡単に作成できます。また，図形領域では，プログラミングで正多角形をかくなどして，図形を動的に変化させる学習が挙げられます。

問題解決の学習過程において，どのような活用が考えられるか，以下の表にまとめました。

問題提示では，効率的に問題配布が可能となりますが，初めて出会った問題に対しては，一瞬で配布しても多くの子供は理解できない場合もあり，演示の実施や絵・図の提示による工夫や，一文ずつ丁寧に読み解くなど，教師の支援が必要です。

学び合いでは，ペア学習やグループ学習の際，情報端末を見せ合うことで対話的な学びが可能となります。また，情報端末上で協働で編集するなど，対話的な学びを活性化できます。

算数科での問題解決の学習過程

問題提示	情報端末やクラウド環境を用いて，問題を一瞬で配布できる。問題を拡大して見せることができる。
自力解決	デジタルノートとして活用し，試行錯誤がやりやすくなる。前もって印刷する必要がなく，子供は何枚も自由に使える。
学び合い時	学級内で，一瞬で記述内容が転送できる。一覧表示が可能。チャットやコメント機能により，対話的な学びの充実。
まとめ・振り返り	まとめ・振り返りの共有。振り返りの記述の蓄積。まとめ・振り返りを全員で共有することができる。

 ## 理科での活用ポイント

理科の学習では，「観察，実験の代替」としてではなく，理科の学習の一層の充実を図るための有用な道具としてICTを位置付け，活用する場面を適切に選択し，教師の丁寧な指導の下で効果的に活用することが重要です。理科での活用場面として，以下の場面が挙げられます。

理科でのICT活用の場面

撮影・記録	観察や実験の過程や結果を撮影・記録して，考察する。
データ処理やグラフ作成	データ処理やグラフ化から，規則性や類似性を見いだす。
センサを用いた計測	通常では計測しにくい量や変化を数値化・視覚化して捉える。
シミュレーション	観測しにくい現象をシミュレーションして考察する。
情報の検索	観察や実験の過程や結果に必要な情報を収集整理する。
情報の共有	情報共有により，相互に情報を交換したり，説明したりする。

例えば，観察，実験などを行っても，考察する際の根拠となる事実を得ることができない場合，学習者用端末で，必要な情報を収集し，そこから得た情報をもとに，問題解決を行います。観察，実験などを行う際，事実を写真や動画で撮影し，捉えるようにします。考察する際に，

再度その情報に立ち返りながら，事実を確認し，問題解決を行うようにします。

生活科での活用ポイント

　生活科では，低学年児童の特性や生活科の特質に応じて，情報端末等のICTを活用する場面を設定することが求められます。特に，生活科の特質である，「身近な環境と直接関わる活動や体験の重視」に対応した活用をデザインします。

① 活動する・体験する場面

　地域の店で働く人々や利用する人々へのインタビューの際に，個々がタブレット型端末で撮影します。その後の報告会で選択した画像を大型モニタなどに映して伝え合うことで，一人一人の発見が共有され，新たな探検への意欲を高めたりしていくことにつながります。

② 感じる・考える場面

　子供が自らの取組を振り返る際に，教師が撮影した動画を各自の情報端末で繰り返し確認することで，自分の姿を客観的に振り返ることが可能となります。

③ 表現する・行為する場面

　子供は教師の支援を受けながら，それぞれが相手に自分の気持ちが伝わるように，表情や話し方などの仕草を工夫して，ビデオメッセージをつくります。作成したビデオメッセージは，デジタル情報である利点を活かしてメールで送信します。

　このように，生活科の学習過程においてICTを適宜活用することで，学習効果を高めていくことが期待できます。一方で，低学年の子供は，発達段階的に情報端末の操作に戸惑うことも多いことが予測されます。そうした子供の発達の段階や特性を十分配慮して，計画的にICTを取り入れ，適切に活用していくことが重要です。

音楽科での活用ポイント

　音楽科でのICT活用では，音楽を音声と画面との両方で確認することができるとともに，聴覚だけでなく視覚などを働かせながら，音楽表現を工夫したり，音楽を聴き深めたりするなど，効果的な活用が期待できます。また，さまざまな感覚を働かせ，音楽科の学習の特質に合わせた活用を行っていくことが重要となります。

① 表現での活用

　歌唱や演奏を記録するツールとして，ICTを活用して，歌や演奏を記録して，その記録した自分たちの歌や演奏を聴いたり見たりして確認し，音楽表現を工夫する学習が考えられます。

　楽譜で表した音楽を実際の音で表すツール（旋律づくりのツール）や仮想楽器として表現す

るとして，器楽や音楽づくりにおいては，個別学習やグループ等での活動においてタブレット型の学習者用コンピュータ等を用いて，音楽表現を工夫していく活動を行うことも考えられます。記譜ソフトウェア（ノーテーション）や自動演奏ソフトウェア（シーケンサー）等のソフトウェアを用いて音楽づくりを行う際に，入力した音を聴きながら，何度も試したりやり直したりすることが可能となります。

② 鑑賞での活用

鑑賞の学習活動では，グループで学習者用の情報端末を用い，いくつかの部分に分割された鑑賞曲の音源を聴きながら，音楽の特徴を書いたヒント等を手掛かりに正しい順番を考え，音源を聴きながら並び替えるという活動を通して，作曲家が工夫した音楽のよさを感じ取るという活用例もあります。

③ 学校の壁を越えた学習や家庭学習において活用する場面

表現や鑑賞の活動で扱う曲や楽器などについて，インターネットやデジタル教材を用いて情報収集する活用が挙げられます。また，インターネットを活用し，遠隔地や海外の学校，学校外の音楽家等と音楽を通して交流したり，音楽学習に関する情報交換を行ったり，さらには共同で音楽作品等を制作したりすることも考えられます。

 ## 図画工作科での活用ポイント

図画工作科での活用では，表現や鑑賞で使うツールとして活用することが考えられます。活用の利点として，何度でもやり直したり，色を変えたりして，さまざまに試しながら表現の可能性を広げていくことが期待できます。また，学習のねらいに応じて必要性を十分に検討し，活用することが重要となります。

① 表現を支援するツール

身近にある形や色などのよさや美しさや自分たちの活動を記録して，記録した画像等を材料として表現に活用することが挙げられます。表現を支援するツールの活用として，以下の造形遊びでの活用事例があります。

・子供の ICT の活用は，造形遊びをする活動において造形的な活動ができそうな場所を探すときに，候補の場所を情報端末で撮影し，グループで相談する際の資料とする。

・作品や自分たちの活動を情報端末で撮影することで，新たな発想や構想をすることのきっかけになる。

・情報端末でつくった動くもようを場所や空間に映す。造形的な活動を思い付き，活動を工夫してつくる際に活用することができる。

② ICT を活用した表現

「絵に表す」学習では，動くもようをつくる際に，プログラミングを取り入れた学習が考え

られます。形や色，コンピュータの特長，構成の美しさなどの感じを考えながら，表現に適した方法などを組み合わせたりすることが可能となります。

「工作に表す」学習では，プログラミングの機能から，表したいことを見付け，形や色，コンピュータの特長，構成の美しさなどの感じを考えながら，段ボールで表し方を工夫して工作に表す際に活用する学習が考えられます。

③ 鑑賞を支援するツール

作品や作者に関する情報を検索して，鑑賞する上での参考となる情報を自ら集めていく活動が考えられます。あらかじめ情報端末などに取り込んでおいた美術作品の画像を大型提示装置に映し出し，作品を鑑賞しながら意見を出し合う学習活動の過程や作品の写真を記録・再生したり，まとめたりしながら活動を振り返ることなども考えられます。

家庭科での活用ポイント

家庭科の授業においては，衣食住などに関する実践的・体験的な活動を通して，日常生活の課題を解決したり，家庭や地域で実践したりできるようにすることを目指しています。学習過程において ICT を活用することにより，子供がより具体的なイメージをもって課題を設定し，見通しをもって主体的に学習を進めたり，互いの考えを共有して思考を深めたり，振り返って新たな課題を見付けたりする活動を充実することが重要です。

具体的には，家庭科の特質を踏まえ，次の5つの場面における活用を示します。

① 知識及び技能を習得し，解決方法を検討する場面

・より具体的なイメージをもたせるために，情報端末等を用いて調理や製作等を動画で確認し，何度も確認しながら練習し，技能の習得を図る。

・観察，実験，実習等の結果を図表やグラフ，写真などを用いてまとめ，発表することにより，考えを共有することができる。

② 解決の見通しをもち，計画を立てる場面

・調理や製作，献立作成など，子供が各自の課題に取り組む際，デジタル教材等を活用することが考えられる。例えば，作りたい袋を考え，作り方の情報をインターネットで収集したり，動画で調理のイメージを膨らませ，調理計画を立てたりすることが挙げられる。

③ 課題解決に向けた調理・製作等の実践活動を行う場面

・一人一人が異なる物を製作したり，調理したりする場合，内容に応じた動画コンテンツを視聴させるなど，子供の技能や進度に応じた学習を進める上で有効である。

・活動の過程や完成した作品・料理などを動画や写真として撮影し，それを振り返りに活用したり，作品集やレシピ集の資料としたりすることができる。

④ 実践活動を振り返り，評価・改善する場面

・情報端末を活用して，活動の様子等を撮影し合い，活動を振り返り，次の課題を見付けたり相互に評価する際の根拠としても活用したりすることができる。

体育科での活用ポイント

体育科における ICT の活用については，教科及び領域の特性として，運動場や体育館等で手軽に用いることができること，操作等に時間を要しないこと，短時間で繰り返し活用できること等に留意することが重要です。具体的には，体育科の特質を踏まえ，次の７つの場面における ICT の効果的な活用を示します。

---

① 自分の動きを確かめる場面

② 仲間の動きの画像をもとにアドバイスをする場面

③ グループの動きが撮影された画像をもとに，思考し判断し表現する場面

④ 模範となる動きを画像で確かめ，技能のさらなる習得に活かす場面

⑤ 画像の蓄積により，学習の成果を確認したり評価の資料としたりする場面

⑥ アンケート機能を活用し，他者の多様な考えを共有し，思考し判断し表現する場面

⑦ 自分の活動量等のデータを客観的に評価する場面

蓄積されたデータは，教師だけでなく子供たち自身が学習履歴として活用します。１年間の成長として，どの程度上達したのか，その変化に気付くための学習履歴となることが重要です。体育での活用においては，子供たちの運動量をどのように確保しながら，授業の中で活用を進めるのか，十分に検討しながら活用場面を考えていくことが求められます。

外国語・外国語活動での活用ポイント

外国語を使ってコミュニケーションを図る体験において，ICT 活用は，視覚的・聴覚的に理解することにつながると考えられます。また，ICT を活用することによって，「やってみたい」「やってみよう」といった学習の意欲を高める効果も期待できます。

デジタル教材等を活用する際は，授業がデジタル教材等でできる活動のみに終始することがないようにする必要があります。デジタル教材等で行う活動の「前」と「後」の活動こそが，コミュニケーションの場面であることを意識した上で，デジタル教材等を活用することが必要です。以下では，具体的な授業の場面を想定して，ICT の効果的な活用を示します。

児童生徒がパソコン等を用いて発表や話すことにおけるやり取りをする活動

児童生徒が発話や発音などを録音・録画する活動

　児童生徒がキーボード入力等で書く活動

　児童生徒が電子メールや SNS を用いたやり取りをする活動

　児童生徒が遠隔地の児童生徒等と英語で話をして交流する活動

　遠隔地の教師や ALT 等とティーム・ティーチングを行う授業

　児童生徒が遠隔地の英語に堪能な人と個別に会話を行う活動

 ## 道徳科での活用ポイント

　道徳科では，自分の考えをもつ場面や他者の考えを知る場面など，以下の学習過程において，ICT の活用が期待できます。以下の表に具体的な例を記載しました。ICT を活用して，意見を出し合ったり，交換したりするなど，人前で発表するのが苦手な子供にとっても，自分の意見が出しやすい環境をつくることができます。

自分の考えをもつ	例①「規則の尊重」と「親切，思いやり」との，いずれの立場を重視するかについて自分の考えを選択し端末に入力する。 例②自分自身にとって「正直，誠実」は，何を大切にするかを改めて自己を見つめ整理し，端末に考えを表記する。
他者の考えを知る	例①端末で他者の考えを知る。 例②教師が端末に入力されたそれぞれの考えを把握・整理し，全体に共有する。

　また，道徳の評価における ICT の効果的な活用も期待されます。学習の過程や成果などの記録を計画的にファイルに蓄積していくことが可能となります。児童生徒が道徳性を養っていく過程での児童生徒自身のエピソードを累積したもの，作文やレポート，スピーチ等の具体的な学習の過程，児童生徒が行う自己評価や相互評価等が挙げられます。また，年間や学期という一定の期間を経て評価するために ICT を活用することが，子供たちが自己を深く見つめることや教師の負担軽減にもつながります。

　さらに，道徳科においても，情報モラルに関する指導を充実する必要があります。情報モラルに関する指導について，道徳科では，その特質を活かした指導の中での配慮が求められます。指導に際しては，情報モラルに関わる題材を活かして話合いを深めたり，コンピュータによる疑似体験を授業の一部に取り入れたりしていきます。

【参考文献】
・文部科学省（2020）「教育の情報化に関する手引」

（山本　朋弘）

国語
小学校1年

1 子どもをまもるどうぶつたち
教材のデータ化による自主的な学びと交流ツールとしての活用

 活用のねらいと特徴

(1) 学習のまとめ～子供の興味を広げる取組～

　東京書籍『あたらしいこくご　1下』の教科書に「子どもをまもるどうぶつたち」という教材があります。この教材は，『動物のちえ（3）育てるちえ』（2014，偕成社）を底本として書き下ろされており，書籍の中で紹介されている13種類の動物のうち，「オオアリクイ」と「コチドリ」が扱われています。授業では，これらの動物の親が子供を守るためにどのような行動をするのか，なぜそのような行動をするのか等を読み取ることがねらいとなります。子供は，教科書を読み，ワークシート等にまとめる活動を通して，書かれている文章の中から動物の行動とその理由を読み取ることができるようになっていきます。

　このような学習のまとめとして，「他の動物はどのような行動をするのだろうか？」といった素朴な疑問から，自分が興味のある動物について調べ，まとめる学習を行います。実際に，東京書籍の教科書の単元末にも，いくつかの書籍が紹介されています。しかし，こうして書籍を使用して活動を行う際に生じる問題があります。それは，書籍があったとしても，全員が同時に読むことができないということです。多くの学校の図書室には，教科書教材に関連する書籍が数多く準備されています。しかし，それらが複数冊数準備されていることは稀です。

　そこで，著作権に配慮した上で，書籍の一部を子供にデータで配付し，自分の興味がある動物を選ぶことができるようにしました。そして，それらのデータをもとに動物の行動についてまとめる学習を行いました。中には，配付されたデータの中に，興味がある動物がいない子供もいますので，そのような場合は，実際の書籍を参考にしながらまとめていきます。教師が教材を指定するのではなく，教材を紙媒体やデータで提供し，子供自身が選んで学習を進めることで，可能な限り子供の興味に沿った学習が可能となります。

(2) 交流ツールとしての活用

　この教材に限らず，データを配付して学習を行うと，子供はデータで配付された文章にペン機能を使って線を引いたり，写真を自由に拡大・縮小したりしながら学習を進めます。そして，気付いたことを友達と交流することで新たな気付きを生み出します。さらには，それらのことを文章にまとめる学習の展開も可能になります。教科書の文章に線を引くこともありますが，

低学年の子供はよく間違うことがあります。その点，ペン機能で書き込んだことは何度も消すことができるので，低学年の子供には取り組みやすい活動となります。

実践の具体例

低学年の子供が個人で学習を進めるためには，どのように学習を進めていくのか，学習の仕方を例示したり，一度教師と一緒に行ったりする必要があります。本単元の終末に個人の興味ごとに学習を進める際にも，一度学習の進め方を確認した上で個人の学習へと進んでいきます。以下に具体的な様子を記載します。

書籍に掲載されている動物の写真を電子黒板で提示しています（子供は自分の端末で自由に見ることができます）。子供は，写真を見てエリマキトカゲがどのような行動をしているのか，その理由は何なのかを予想しました。しかし，それはあくまで子供の予想ですので，その後，実際に文章を読むことで，親の行動の理由を読み取ってまとめていきます。下に示した写真は資料を見ながらまとめている様子です。個人で学習を進めていきますが，場合によっては同じ動物について調べている友達と交流をもたせます。

T　エリマキトカゲは何をしているのでしょうか？

C　大きな声を出していると思うよ。

C　怒っているみたい。

C　自分を大きく見せようとしているんじゃないかな。

C　驚かそうとしていると思うよ。

C　エリの部分はいつも開いているのかな？

図1　資料を読みながらまとめる様子

T　今疑問に思っていることを，文章を読んでまとめていきましょう。

子供は学習の進め方がわかると，自分の興味がある動物について進んで学ぼうとします。調べたいと思ったタイミングで手元に資料がないと学習が停滞してしまうことがありますが，このような方法をとればいつでも自分のペースで学習することができます。

【参考文献】
・成島 悦雄（2020）「子どもをまもるちえ」『あたらしいこくご　1下』東京書籍
・成島 悦雄（2014）『育てるちえ』偕成社　　　　　　　　　　　　　　　　　　　（野口　太輔）

2 100年後の未来の商品をおすすめする 「テレビショッピング」を放送しよう

撮影動画の比較による自身の変容の実態

 活用のねらいと特徴

(1) 本単元の概要

　本単元は，「話すこと・聞くこと」領域の学習になります。子供たちに「伝え合うために必要な事柄を選ぶ力」「話す事柄の順序を考えながら伝える力」を育むことがねらいです。そこで，伝える「相手」を明確に設定し，その相手が必要な「商品」を想像して，伝える事柄や順序を考えながらテレビショッピングのように「商品」をおすすめするという学習を構想・実践しました。

	主な学習活動	子供たちの実際
1	身の回りで困っている人，困っている理由について話し合う。	・私の妹は自分で起きることができなくて，着替えも遅くて，遅刻しそうです。
2	困っている人に必要な商品を想像する。	・朝，自動で起こしてくれて，さらに一瞬で着替えさせてくれるロボット。
3	試しに商品を紹介する動画を撮影する（動画撮影1）。	・何を，どのような順序で伝えればよいかが難しいな。
4	実際のテレビショッピングを視聴して，何を，どのような順序で伝えればよいかを分析する。	・例えば「商品の説明（何ができるのか）」→「使い方」→「実際に使った人の言葉」という順序で伝えればいいね。
5	学級のみんなで「100年後の未来の商品を紹介するテレビショッピング」を放送する（動画撮影2）。	・本番の動画（動画撮影2）と最初の試しに撮影した動画（動画撮影1）を比べると，伝わりやすさがまったく違うね。

(2) ICT活用のねらい

　「話すこと・聞くこと」領域では，音声言語を扱うという特性から，子供たちの学びの跡を残すことが難しいという課題があります。そこで，本単元では，動画撮影1・2においてICTの録画機能を用いました。単元の最後に，最初に撮影した試しの動画撮影1と最後の動画撮影2を比較する活動を設定します。子供たち自身が自分の変容を捉えられるようにすること，自分の言葉の力の高まりを実感できるようにすることがねらいです。

実践の具体例

　動画撮影２における実際の子供の様子を紹介します。リサ（仮名，以下同じ）は，「朝なかなか自分で起きることができなくて困っている人」を「相手」として設定し，「１びょうタイマーきがえましん」という商品を想像・おすすめしました。

	リサの動画撮影２の実際	
1		【商品の説明】 　みなさんこんにちは。テレビショッピングの時間がやってまいりました。今回紹介する商品はこちら。「１びょうタイマーきがえましん」という商品を紹介します。 　ロボットの口のボタンを押しておくと，タイマーで起こしてくれたり，１秒で着替えさせてくれたりします。
2		【商品の使い方】 　実際に１回使ってみますね。この口のボタンを押してみます……すると，たったの１秒後にきれいなお洋服に着替えさせてくれました。
3		【実際に使った人の言葉】 　実際に使った人に「どうでしたか？」と聞いてみると，「起こすのと着替えるのとを１秒で終わらせてくれるのがすごい」と言ってくださいました。ぜひ，みなさんも，この「１びょうタイマーきがえましん」を，ぜひ，買ってみてください。

　この動画撮影２と，最初に試しに撮影した動画撮影１を比較する活動を設定しました。

T　　どうです？　まったく違ったという人？

C　　（多くの子供が手を挙げる）

リサ　試しの方にはなかったんだけど，最後の動画（動画撮影２）で，実際に使ってみた人の声を終わりに入れることができて……。そこで，放送を見ている人たちから「おお」って声が聞こえたから，中身も順番もよくなったと思いました。

　ICT を活用して，単元の始めと終わりの動画を撮影し，比較する活動は，子供たちに自分自身の変容や成長を実感させることに有機的に働いたと考えます。　　　　　　（原之園　翔吾）

3 株主総会を開こう

ICTを活用した提案書の作成とプレゼンテーション

 活用のねらいと特徴

⑴ 本単元の概要

　本単元は，「書くこと」領域の学習になります。子供たちに「提案書」を書く活動を通して「文章全体の構成を考えながら書く力」を育むことがねらいです。具体的には，【①現状の問題点】→【②問題の原因】→【③解決策の提案】→【④提案する活動を行った場合の効果】という構成の提案書になります。しかし，そもそも子供たちの内面に「何かを提案したい」という意欲が高まらないことには学習をスタートすることができません。そこで「架空の会社をつくり株主総会で新規事業を提案する」という言語活動を設定しました。例えば，「人気のないカフェの新メニューを開発する事業」「廃棄される洋服をリメイク・販売する事業」などを子供たちは考えていきます。

	主な学習活動	子供たちの実際
1	架空の会社を設立し，現実世界のさまざまな問題点から新規事業を考える。	・人口は減っているにもかかわらず，廃棄される洋服が増えているという話を聞いたよ。
2	先生の提案書を批評する活動を通して，文章構成を捉える。	・なるほど，【①現状の問題点】→【②問題の原因】→【③解決策の提案】→【④提案する活動を行った場合の効果】という構成には，説得力があるね。
3	「提案書」を書くとともに，「プレゼンテーション」を作成する。	・株主に新規事業を承認してもらうためには，プレゼンテーションが不可欠だ。
4	株主総会において，「提案書」と「プレゼンテーション」を用いて新規事業を提案する。	・例えば「商品の説明（何ができるのか）」→「使い方」→「実際に使った人の言葉」という順序で伝えればいいね。

⑵ ICT活用のねらい

　「株主総会」という場を設定したのには，もう1つねらいがありました。新規事業内容を説明して株主から承認を得るためには，提案書を「書く」だけでは困難です。根拠となるデータをグラフで示したり，写真を提示したりする「プレゼンテーション」を作成していく必要が生じます。提案書をもとに「プレゼンテーション」を作成するということは，同時に，「提案書」を再度「吟味・修正」する学びが展開されると考えました。実際，すべての子供たちがプレゼ

ンテーション作成の必要性に気付いていきました。そして ICT を活用して，プレゼンテーションを作成しながら，提案書の構成や表現を自分たちで吟味し直し，推敲する姿が見られました。

実践の具体例

右の写真のように，教師の「提案書（紙媒体）」を批評する活動を通して，よりよい「提案書」の文章構成や表現方法を捉えた子供たちは，いよいよ自分たちが考えた新規事業の「提案書」作成に取り組み始めます。実際に，子供たちが考えた事業を紹介します。

・過疎化が進む町を活性化させる事業。　・人気のないカフェの新メニューを開発する事業。
・廃棄される洋服をリメイク・販売する事業。　・世界のゴミ問題を少しでも改善させる事業。
株主総会本番では，①問題から的確に原因を捉えられているか，②原因と提案する事業が結び付いているか，③提案する事業は具体的で実現が可能かといった観点で，相互に評価し合いました。

右の写真は，「廃棄される洋服をリメイク・販売する事業」を提案しているチームの発表の様子です。

進行　「廃棄される洋服をリメイク・販売する事業」の提案が
　　　ありました。それでは，この提案について質問のある株主
　　　さんは挙手をしてください。
C　（数人の子供が手を挙げる）
C1　1つ，質問があります。先程，利益が出ることはわかったのですが，この事業では，その
　　お金？　お金の利益？　以外には何かいいことはないのかなって……。他にはどのようなよ
　　さがあるか教えてください。お金がもうかる以外のよさ。
C　（提案しているチームで少しの間相談している）
C2　今の質問に答えると…（タブレットを操作し，プレゼンテーションの該当するページを示
　　す）えっと，最初にいったように，洋服がそのまま捨てられるとゴミになります。私たちの
　　事業では捨てられる洋服をリメイクする……ので，ゴミが減ることにもつながります。環境
　　問題の改善につながります。
C3　あの，このことは提案書の中にしっかり書けていなかったので，きちんと書き加えます。
　　ICT を活用して，プレゼンテーションを作成・発表することは，自分たちが作成している
「提案書」を見直す契機となり，「文章全体の構成を考えながら書く力」の育成につながってい
きました。

（原之園　翔吾）

4 事故や事件からくらしを守る
インタビュー動画の撮影とアンケート機能の活用

 活用のねらいと特徴

(1) 単元の目標

　本単元では，警察署などの関係機関は地域の安全を守るために相互に連携したり地域住民と協力したりして，事故防止に努めたり緊急時の対処を行ったりしていることを調べる学習を行います。その中で，地域の事故防止の課題に気付き，自分なりの解決策を選択・判断して地域の一員としてよりよい地域づくりをしていこうとする態度を養うことをねらいとしています。特に，横断歩道問題の解決策を検討することを通して，安全を守る取組について多角的に考えるように単元を構成しています。

(2) 調査活動や発表場面でのICT活用

　本単元では，調査活動や発表場面において，以下のような活用場面となります。
　・調査活動を行う際，1人1台端末で現地の写真やインタビュー動画を撮影し記録として残させることで，自分の考えの根拠となる資料作成につなげることができるようにする。
　・Microsoft Formsで5・6年生を対象に通学路についてのアンケートを取ることで，自分の考えの根拠となる資料を作成させる。

 実践の具体例

　本実践では，横断歩道の設置場所を地域の2つの場所を提案するグループに分けて，それぞれの提案をプレゼンテーションで発表するようにしました。

　事前の調査学習では，保護者や地域住民にインタビュー調査を行い，その様子を撮影して記録するようにしました。また，実際に現場見学に行き，車の交通量や横断歩道利用者を確かめる活動を行いました。

　資料収集では，実際に現場を見学に行ったときに撮影したり，地域の人に協力してもらいインタビュー動画を撮影したりするなど，子供が情報端末を撮影記録するようにしました。さらに，Microsoft Formsのアンケート機能を活用して，5・6年生を対象にして，通学路についての意識調査を行い，その結果をグループでの発表資料として活用できるようにしました。

車内から見え方を撮影した様子

Google マップを用いて通学路を調べる様子

本時では，設置場所のそれぞれの立場を決めて，候補地をめぐって討論会を行うようにしました。より根拠に基づいた討論にするため，前時までに行った調査活動の資料を事前に整理させて，それらを活用しながらグループで発表するようにしました。

グループで協力して，プレゼンテーションを作成するようにして，役割や出番を決めて発表させるようにしました。

インタビューした際の映像を用いて発表する様子

討論会では，資料収集で撮影した資料を相手に伝えるツールとして活用して，わかりやすい発表に高めることができました。討論会で新しく出た疑問や交通ルール等の知識不足によって話し合いが平行線をたどったときは，ゲストティーチャーである駐在所の方に質問させるようにし，その場で助言してもらえるように支援しました。

討論会を行った後，再度，自分の考えを選択・判断する際に Microsoft Forms のアンケート機能を用いて，データを集計し，考えの変容を教師側が把握できるようにしました。

討論会後には，仁比山地域の交通事故を減らす方法をまとめ，地域の方に見てもらう提案文を書いて学習をまとめるようにしました。

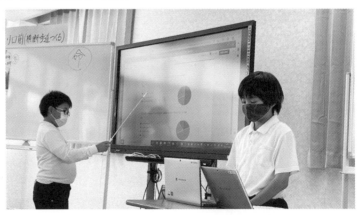

アンケート調査結果を用いて発表する様子

（実践：佐賀県神埼市立仁比山小学校　德永　遼太郎／執筆：山本　朋弘）

5 水害からくらしを守る
動画資料やテレビ会議システムの活用や情報発信

 ## 活用のねらいと特徴

(1) 学習のねらいと教材の特色

この学習において育成する資質・能力は、①水害から人々の命や財産を守るために、県や市、警察署や消防署、消防団などの関係機関や地域の人々が、どのように協力し、どのような備えをしているのかについての理解、聞き取り調査・地図・年表などの資料やインターネットを使った調べ方の技能、②水害を防ぐ関係機関のそれぞれの活動が、人々の命や財産を守ることとどのように関係しているのかを考え、レポートや図などにまとめて表現する力、③学習したことをもとに、水害から地域のくらしや人々の命を守るために自分たちにもできることについて考えようとする態度の3点です。

本教材では、過去に発生した地域の水害の様子や、関係機関の協力などに着目して、聞き取り調査をしたり地図や年表などの資料で調べたり、災害から人々を守る活動について考えたことを発表したりする学習活動を仕組むことで、地域の関係機関や人々が、自然災害に対して、さまざまな協力をして対処してきたことや、今後想定される災害に対して、さまざまな備えをしていることについての理解を深めることが期待できます。

(2) ICT活用のポイント

① 単元の導入において

・タブレット端末を活用して、住んでいる市町村でこれまでに発生した水害の状況を動画で視聴したり、被害状況がわかるグラフをくわしく見たりして、気付いたことや当時の人々の様子について想起する。

② 単元学習中において

・テレビ会議システムを活用して、役所の職員の方や地域の消防団の方々に水害から人々の命や財産を守る活動についてインタビューする。

・プレゼンテーションソフト（Google スライド）を活用して、調べたことをグループでまとめて、学級内やインタビューをした関係機関の方々に向けて発信する。

③ 単元の終末において

・Google スプレッドシートの共有機能を活用して、単元を通してわかったことや考えたこと

を各自で記述し，導入時の記述内容と比較することで，自らの学びの深まりについて振り返る。（詳細次項）

 実践の具体例～Google スプレッドシートを活用した学びの深まりが実感できる実践例～

T：学習を通して，水害から人々の命や財産などを守るために，どんな人々がどのような活動をしていたか，まとめてみましょう。また，学習前に書いていた記述を比べて感じたことを振り返りましょう。

氏名	単元はじめ	単元終わり
A	・避難訓練をしていると思います。 ・池や川に近づかないように呼びかけをしていると思います。 ・池の壁を高くしていると思います。	・わたしたちの市では，雨量を図る，ハザードマップ，情報集め，ダムのかさ上げ，ガイドブック，カメラ，水防倉庫，一時的に水を貯める施設，地域防災計画，呼びかけ，などをやっていました。 ・他にも，自衛隊や水防団，運送会社，県，警察，消防，自治会，国土交通省，などと協力して水害にそなえていました。
B	・近づかないように呼びかけをする。	・呼びかけ，関係機関と協力している。 ・一時的に水をためる施設を作っている。
C	※欠席	・地域防災計画（ハザードマップ）を作っている。 ・呼びかけや関係機関（県・国土交通省・自衛隊・水防団・運送会社・警察・消防署・自治会）と協力している。 ・市は，県や自治会から情報を収集している（主に雨量のことや水防倉庫のこと）。 ・市は，一時的に水を貯める施設を作ったり，もしもの時に備えて，住民は避難訓練をしている。
D	・避難所がどこにあるのか放送で知らせる。	・関係機関に協力を求めて住民の救出や呼びかけをし，避難所に避難などをさせている。 ・一時的に水を貯める施設で水を貯め，町に被害を出さないようにしている。 ・雨量を図り水のかさを調べたりしていて，ダムのかさ上げなどをしている。 ・市の災害防災ガイドブックやハザードマップを作っている。 ・避難訓練などをして備えたり，カメラを使い様子などを見て水害に備えている。
E	・池や川の水を減らしていると思います。	・地域防災計画や避難訓練をして水害に備えている。
F	・川がある場所の壁を高くしていると思います。	・呼びかけや一時的に水を貯める施設がある。
G	・ダムで川の水を調整している。	・ダムのかさ上げ，呼びかけ，川を見るカメラ，避難訓練，雨量を測る施設，ハザードマップ，一時的に水を貯める施設などをしています。
H	・警報を聞いて避難所に逃げる。	・救出する人（警察，自衛隊，消防や水防団）や，住民の避難場所，緊急用の食材や水，防災訓練，ラジオでの呼びかけ　などをして人々を水害から守っている。
I	・ダムで出さない。	・雨量を測る，呼びかけ，警察との協力，ハザードマップなどをしている。
J	・池の水を浄化槽に送らせて，そこで池の水をなくさない程度に抜いて，洪水がおきないようにしている。	・ガイドブックや避難の呼びかけ，地域防災計画，災害対策本部，関係機関との協力，呼びかけ，情報集め，ダムのかさ上げなどをして，ぼくらを水害から守ってくれている。

Google スプレッドシートの様子

 C：学習前と比べて，私もクラスの仲間も，たくさんの工夫に気付けていてすごいなあと思いました。
C：多くの人たちが，私たちの命やくらしをそれぞれの立場から守ってくれていることがよくわかりました。
C：仲間の書いていることを見て新たに気付いたことがあったので，自らの意見に追加しました。

　これまでは，単元前と単元後に気付いたことを各自のノートに記述しておき，それぞれで比較しながら学びの深まりを実感させる学習活動を行ってきましたが，Google スプレッドシートの共有機能を活用することで，自他の学びの深まりを共有しながら実感することができます。また，仲間の記述をもとに，すぐに自らの考えを再構成することも可能となります。

　また，授業者にとっても，単元を通した一人一人の子供の学びと育ちの経過を一覧で確認することができるので，特に思考・判断・表現の評価を行う際に効果的な活用法といえます。

（石井　雄二）

社会
小学校6年

6 日本とつながりの深い国々
地図アプリの活用と共同編集機能によるグループでの調べ活動

 ## 活用のねらいと特徴

(1) 学習のねらい

　この学習におけるねらい（育成する資質・能力）は，①他国の人々の生活は多様であり，異なる文化や習慣を尊重し合うことが大切であることの理解や，調べた国と日本との位置関係などを地図帳や地図アプリ等で適切に読み取ったり，調べたことをわかりやすくまとめたりする技能，②世界の国々の文化や習慣とスポーツや文化などを通して他国と交流することを関連付けて判断し，国際交流の役割について考え，レポートやスライドにまとめて表現する力，③学習したことを今後の社会生活において活かそうとする態度の3点です。

　本教材は，世界の国々の文化や習慣を知ることで，自国の文化や生活の特色について理解したり，世界の国々の人々と共に生きることの大切さについての自覚を深めたりすることが期待できます。また，興味のある世界の国々の文化や習慣について，個人やグループに分かれて調べる活動が仕組みやすい教材であるといえます。

(2) ICT活用のポイント

① 単元の導入において

・地図アプリを活用して，世界の国々の場所と日本との位置関係について調べる活動を行う。

② 単元学習中において

・インターネットの検索エンジンを活用して，個人で調べたい国を選び，それぞれの国々の文化や習慣等の特色について調べる。

・Googleスライドの共同編集機能を活用して，調べたことをグループで文章や図，グラフ等を使ってまとめる。（詳細次項）

③ 単元の終末等において

・プレゼンテーションソフト（Googleスライド）を活用して，まとめたことを学級内や校内で発表する。

・推薦されたグループが市内プレゼンテーション大会に出場し，学習したことを広く発信する。

実践の具体例～Google スライドを活用した共同編集の実践例～

T：世界の国々の文化や習慣や日本とのつながりについて調べたことをまとめて，グループの仲間とスライドを作って発表しましょう。

Google スライドを活用した共同編集の様子

C：グループのみんなの調べたことを組み合わせると，調べた国のことをいろいろな角度から伝えられるね。

C：もっとスライドがわかりやすくなるように，タブレット端末を持ち帰って，○時にみんなで共同編集しようよ。

　これまでのグループでの編集活動は，各自で調べたことを持ち寄り，模造紙などにレイアウトを決めてそれぞれで貼り付けるというのが一般的でした。このやり方では，まとめたものを推敲・再編集する作業に手間がかかるだけでなく，発表する際も，記述した内容を読み上げることに終始するあまり，調べたことが伝わりにくくなるという課題がありました。

　一方，タブレット端末上で共同編集ソフトを活用して行うと，より細かな点まで協力しながら作業ができるだけでなく，画面に言葉や図を挿入する際，仲間に対して追加した理由を説明する必要があることから，自然と質問や指示が飛び交い意見交流が活発になるという副次的な効果が得られます。また，タブレット端末を持ち帰り，学校で行った共同編集の続きを各家庭から行うなど，場所を選ばず行うことも可能となります。

　さらに，授業者がグループ内に参加しておくことで，スライドの内容やレイアウト等のよい点を，画面上でコメントすることもでき，即時的な評価が可能となります。

（石井　雄二）

7 いろいろな形
カメラ機能を活用した撮影・発表（家庭学習との連携も可能）

 活用のねらいと特徴

(1) カメラ機能を活用した撮影・記録

　1年生でも簡単に活用できるのがカメラ機能を活用した撮影・記録です。まずは，自由に撮影させてから，撮影したものを全体で確認していきます。その際，どういう撮り方が「わかりやすいか」「見やすいか」という視点で整理していきます。1年生でもわかるように撮影のポイントを確認し，教室に掲示しておきます。そうすることで，どの教科単元でも撮影するポイントを意識して撮影することができるようになります。

(2) 授業支援ソフトを活用した記録・発表

　カメラ機能を活用して撮影した画像は，図1に示すように，授業支援ソフトに貼り付けるようにします。画像の貼り付けの方法については，業間（ICT タイム等）の時間を利用して習得させるようにします。上学年の子供が1対1で基本操作の習得を行うと短時間で行うことが可能です。

図1　授業支援ソフトの画面

　画像を貼り付けるだけですので，1年生でも簡単に作業を行うことができます。また，家庭に持ち帰り家にあるいろいろな形を撮影し，記録することも可能です。

 実践の具体例

第1学年算数科「いろいろな形」カメラ機能，授業支援ソフトを活用した記録・発表
　授業計画（3時間扱い）

単元の流れ	主な学習内容	活用する ICT 機器，コンテンツ，ソフト，アプリ等
1時間目	デジタル教科書を利用して，いろいろな形を知る。	大型テレビ デジタル教科書

2時間目 （家庭学習）	学校（家庭）で見付けた「いろいろな形」をタブレットで撮影。 ・授業支援ソフトを活用して，記録しておく。	タブレット端末 授業支援ソフト カメラ機能
3時間目	学校（家庭）で見付けた「いろいろな形」を一人一人発表。 ・同じところや違うところを出し合い整理する。	大型テレビ タブレット端末 授業支援ソフト

　1時間目では，デジタル教科書を活用して，いろいろな形について学習し，整理していきます。2時間目では，学校（家庭）で見付けた「いろいろな形」をタブレット端末のカメラ機能を活用して撮影していきます。その後，

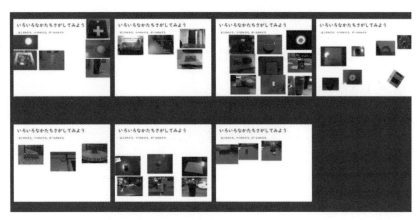

図2　授業支援ソフト画面（全児童モニタリング）

撮影した画像を授業支援ソフトに貼り付け，「どんな形か」を手書き入力（文字変換）していき，一人一人まとめていきます。図2は，子供が貼り付けし文字を書き込んだ授業支援ソフトの画面です。

　3時間目は，学校（家庭）で見付けた「いろいろな形」を一人一人発表していきます。図3は，発表している様子です。まず，どんなものを見付けてきたのか一つ一つ説明しながら発表していきます。次に，図4に示すように，1つを大きく映し出し，詳しく説明するようにします。発表する際は，画像を指さしながら説明（発表）させるようにするとわかりやすくなります。

図3　発表している様子

図4　大きくして説明している様子

（横山　誠二）

8 箱の形
チャットを活用した話し合いの活性化

 活用のねらいと特徴

(1) ICT活用のねらいについて

　本校では，ICTをただ活用するのではなく，ICTを活用し「よりよい学習活動」を生み出すことを大切にしています。本校では，この「よりよい学習活動」を「子供たちの資質・能力の育成に寄与することができ，ICTを活用するからこそ実現できたり，実現しやすくなったりする学習活動」と定義しました。そして，「よりよい学習活動を生み出すためのICT活用」について具体化していく際には，「ICT活用の5W1H」について考えていくようにしています。

○ Why　　なぜ，活用するのか。　○ When　いつ（どんな学習場面で）活用するのか。

○ Where　どこで活用するのか。　○ Who　　誰が活用するのか。

○ What　　何を活用するのか。　　○ How　　子供たちには，どんなスキルが必用なのか。

---

(2) 本実践における「ICT活用の5W1H」について

　第2学年算数科「箱の形（図形領域）」での実践について紹介します。立体図形の概念は，立体図形の構成要素やそれらの関係に着目し，共通する特徴を抽出しながら仲間分けしたり，構成したりするなどの活動を通して，立体図形の特徴を明らかにしていく過程で次第に形成されていきます。そこで，本題材では，立体図形を構成する要素に着目できるようにし，感覚だけではなく，それらを根拠としながら仲間分けした理由について話し合ったり，立体図形を構成したりする活動に十分取り組むことができるようにするためのICT活用について考えました。

○ Why…各自が考えと根拠をもちやすくするため。話し合う時間を十分確保するため。

○ When…家庭学習　○ Where…学校と各家庭　○ Who…子供と教師

○ What…チャット　○ How…タイピングスキル，カメラで写真を撮るスキル

　授業後，教師は，各家庭にいる子供たちにチャットを使って学習課題を配信します。子供たちは，各家庭でじっくりと課題に向き合い，自分なりの考えと考えの根拠を明らかにします。

考えをもちにくいときは，子供同士でチャットを活用し，相談し合えるようにしました。

実践の具体例

箱の形になるように6この面のつなげ方を考える場面での子供の様子を紹介します。

(1) チャットを使った家庭学習での様子

教師は，子供たちに6この面を持ち帰らせ，放課後「カセットテープの箱の形になるように面をつなぎ合わせましょう。困ったときなどは，グループの友達に相談してみましょう」と学習課題を配信しました。

子供たちは，チャットを使いながら面のつなげ方を送り合ったり，相談し合ったりしていました。このように，各自のペースや方法で学習課題とじっくり向き合う時間を確保することで，「箱の形になる面のつなげ方」について一人一人が自分なりの考えをもつことができていました。

| くんどういうかんがえ？教えてくださいね！！！ |
| カセットテープの形を作るためには面の形を決まったばしょにおけばいいよ |

図1　チャットでの子供同士のやり取り

次の日の学校の授業では，家庭学習で見いだした面のつなぎ合わせ方をもとに，箱の形になる面のつなぎ合わせ方について考える時間を十分確保することができました。

C1　色はいつもしましまになるよ。

C2　家で作ったやつも全部しましまだね。

T　どうしてしましまじゃなきゃ駄目なの。

C1　だって同じ面がくっつくと辺の長さが違って箱にしたときに隙間ができるから。

C2　辺と辺がぴったり合わないといけないからしましまにするんだね。

C1　箱にすると同じ面が向き合うね！

図2　根拠を明らかにしながら考えを説明し合う様子

(2) 本実践を行う際の留意点

本実践は，チャットを活用し，家庭学習と学校の学習に連続性をもたせることで，一人一人が考えをもったり，友達と話し合ったりする時間を確保できるようになりました。その結果，話し合いが根拠をもったよりよい話し合いとなり，学習内容のよりよい理解につながりました。

本実践では，チャットを活用することでよりよい学習活動が生み出されましたが，チャットを活用すればいつもよりよい学習活動が生み出されるとは限りません。教師が学習課題（発展性があり，多様な考えをもつことができる学習課題）を見極め，本実践を行うことで，子供たちは各家庭にいながらもチャットを活用して友達と相談する必要性を感じたり，見いだしたことを学校でも話し合ったりしたくなると考えます。

（三宅　倖平）

9 比べ方を考えよう〜割合〜

1人1台端末による効率的な作図と子供の状況把握

☁ 活用のねらいと特徴

(1) 子供の実態把握〜子供の興味を広げる取り組み〜

　割合〜比べ方を考えよう(2)の単元では，2つの数量の関係に着目し，基準量や比較量を判断したり，日常生活で割合が使われている場面について考察したりすることを通して，割合の理解を深めることをねらいとします。2つの数量の関係をイメージすることが難しく，子供にとって難しい単元の1つとなります。そのため，指導をする際には，イメージ図や数直線図を使うことで視覚的に理解できるようにすることが重要となります。

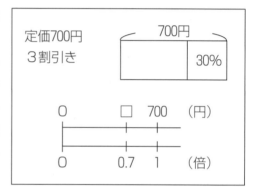

図1　イメージ図・数直線図

　実際に，授業の際には図をかく時間や図を用いて自分の考えを説明する時間などを設定します。そこで1人1台端末を活用すると，教師は子供がどのような図をかいているのかを容易に把握することができます。教師が子供の様子を的確に把握することができれば，子供同士の交流を促したり，子供の考えを取り上げたりすることも可能になります。子供同士の交流が盛んになれば，子供は交流を通して理解を深めたり，自分とは違う考え方に気付いたりすることができます。もちろんノートに書き込む子供もいますので，そのこと自体は否定しません。ノートを使用したり端末を使用したりと，子供が自分自身で判断できる環境をつくることが大切です。

(2) 交流の効率化と指導の手立て

　単元や授業の内容によっては，1時間の授業の中で複数の図をかく場合があります。その際には，時間がかかりすぎたり，子供によってはそもそも図をかくことができなかったりということも少なくありません。1人1台端末を活用すると，図の枠組みだけを配付することで，かく時間の短縮ができます。図をかくことを苦手としている子供にとっての手助けとすることも可能です。また，子供は，他の子供がどのような図をかいているのか，端末や電子黒板に映し出される図を参考にして考えることもできます。このような交流はノートを使っても可能でしたが，端末を活用することでより効率的に行うことができます。

実践の具体例

5年生の子供たちは，日常的に端末を使用しているため，基本的な操作スキルを身に付けています。算数の授業においては，問題を解く際に必要な資料を配付したり，図や表を配付したりしています。また，子供たちがかいた図や表を，教師用端末を用いて理解度を把握することで，交流を促すことも可能になります。本実践では，問題を解く際に必要な情報が多く，また，解決の際に，図や表にかき表すことが求められます。そこで，端末を通して図や表を配付することで解決の糸口へとつなげています。以下に具体的な様子を記載します。

問題は右の表に示したように，3つの店で販売されているお菓子の中で，どのお菓子がお得かを考える問題です。子供たちは，値引き後の代金を求めたり，1個当たりの値段を求めたりしながらお得なお菓子がどれかを考えていきました。右の写真は子供が端末に配付されたデータをもとに，お菓子の値段を求めている様子です。

店	定価	個数	値引き
A	700円	9個	3割引き
B	550円	9個	定価の80%
C	600円	10個	150円引き

子供たちは，それぞれ代金や1個当たりの値段を求めていきました。しかし，この問題では，どのお菓子が「お得」かということを求める問題でした。以下に子供たちのやり取りを記載します。

C　「お得」ってどういうことかな？

C　一番安いお菓子じゃないの？

C　値引きの額が大きいのがお得だと思うよ。

C　1個当たりの値段でも比べられないかな？

C　何をお得と考えるかで違うんじゃいかな？

T　お得とは何かを自分なりに決めてまとめましょう。

C　人によってお得の考え方が違うみたい。

図2　端末に配付されたデータをもとに考える子供

子供たちは，自分で表をかいてまとめたり，教師からデータで配付された表にまとめたりしながら，自分なりに考えたお得なお菓子を決めていきました。教師は，子供の端末画面を電子黒板に投影することで，さまざまな考えを容易に共有することができました。

（資料提供：佐賀県佐賀市立本庄小学校　松尾　紘希／執筆：野口　太輔）

理科
小学校5年

10 流れる水のはたらき
インターネットによる調べ学習とクラウドを活用した分析，比較活動

 ## 活用のねらいと特徴

(1) 単元のねらいと学習の要点

　本単元は，地面を流れる水のはたらきに興味・関心をもって追究する活動を通して，予想や仮説をもとに，解決の方法を発想し，条件を制御しながら実験や観察を行って考察し，わかったことについて表現することがねらいです。具体的には，「流れる水には，土地を侵食したり，石や土などを運搬したり堆積させたりする働きがあること」「川の上流と下流によって，川原の石の大きさや形に違いがあること」「雨の降り方によって，流れる水の速さや量は変わり，増水により土地の様子が大きく変化する場合があること」を理解させます。

(2) 情報端末活用の場面とそのポイント

　本単元では，それぞれの学習過程で，豊かな学びを実現するために，以下のポイントに沿って，1人1台端末を効果的に活用していきます。

・インターネットを用いた調べ学習を行い，浸食・運搬・堆積の関係を時間的・空間的な視点で捉えることができるようにする。

・実験の考察を深めるためにカメラ機能を活用したり，お互いの考えを可視化するためにOneNoteやTeamsを活用したりする。

・ワードクラウドを活用して，各自の考察の全体的な傾向をつかませるようにして，多面的に分析，比較できるようにする。

 ## 実践の具体例

　まず，単元の導入場面では，ゲストティーチャーから城原川についての話を聞き，単元を貫く学習問題をつくるようにしました。その際，Teams上に城原川の画像を準備し，1人1台の情報端末で画像を閲覧できるようにしておくことで，学習問題づくりの支援を行いました。

　子供の疑問をもとに学習問題を設定し，グループごとに予想や仮説を立て検証実験計画を考えさせ，グループごとに計画した実験を行うようにしました。予想や仮説を立てる過程では，班ごとにこれまでの経験や学習を振り返らせたり，城原川の衛星写真を閲覧して実際の川の様

子と結び付けたりしながら，より具体的な予想や仮説を立てるようにしました。また，実験計画を立てる過程では，条件制御の視点を大切にし，変える条件と変えない条件を明確にしました。

そして，班ごとに予想や計画をもとにした流水実験を行い，起こったことについて調べてまとめ，考察するようにしました。グループごとに，実験の様子を情報端末で撮影して記録するようにしました。撮影にあたっては，実験の条件が明確にわかるように撮影するように助言しました。記録した映像は，Teamsで動画を共有し，比較できるようにして，各自が考察する際に活用できるようにしました。

端末で実験を撮影する様子

実験後の考察場面では，各自が自分のペースで実験の動画を視聴できるようにしました。複数の動画を比較してみながら，実験結果の共通点や類似点を見いだすことができるようにしました。また，予想や仮説，実験結果などをステップチャートやイメージ図，マトリックス等の思考ツールを用いて表現させるようにしました。

実験結果の動画を視聴する様子

各班で得られた実験結果やそれに対する考察を全体で共有し，多面的に分析，比較検討することでより確かな結論につながるようにしました。

ワードクラウドを用いて，各自が書き出した考察を分析して，全体的な傾向を提示しました。「たい積」や「しん食」，「運ぱん」など，出現頻度が高い語句が中心に大きく表示されたワードクラウドを見て，子供たちはグループで協議しながら実験や考察のまとめを進めることができました。1人1台端末とクラウドツールを組み合わせて活用して，多面的に比較検討していくことで，考えを伝え合い，深めていく豊かな学びを実現できました。

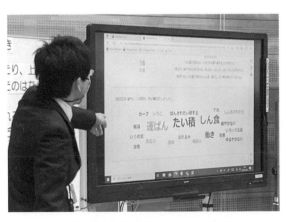

ワードクラウドの結果を全体提示する様子

（実践：佐賀県神埼市立仁比山小学校　島　健一／執筆：山本　朋弘）

11 てこのはたらき
授業支援ソフトの機能を効果的に活用した
理科学習におけるデジタルノート

活用のねらいと特徴

(1) 授業支援ソフトの機能

　授業支援ソフトでは，個別学習，グループ学習，クラス学習などさまざまな形態でのデジタルノートの活用が可能で，用途に応じたデジタルノートを使用することができます。また，右図に示すように子供全員分の画面をモニタリングでき，子供の考えを瞬時に把握することが可能となります。さらに必要に応じて2画面や4画面など画面共有もできるため，協働学習を効率よく行うことができます。

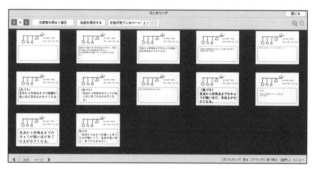

授業支援ソフトの画面（一覧表示）

(2) 動画機能を活用した振り返りの充実

　これまでの振り返りでは，ノートやシートに書いたものを教師が一人一人を見取り確認や評価をしていくといったことが行われてきました。しかし，子供1人1台のタブレット端末や授業支援ソフトが整備され，デジタルノートとしての活用を行うことで，ノートやシートの回収や返却が不要となり，効率よく振り返りが実施できるようになりました。実際には，右図のように，板書を画像として取り込み，その下に振り返りを文字入力してまとめます。毎時間の板書や振り返りをデジタルノートとして残しておくことで，前時の振り返りや学習のまとめなどにも活用でき，多様な効果が生まれます。このような活動を繰り返し行うことで，短時間で板書撮影，文字入力を行うことができるようになり，振り返り学習が充実します。

実践の具体例

第6学年「てこのはたらき」デジタルノートを活用した授業実践

授業計画（本時の展開　2時間扱い）

学習の流れ（分）		主な学習内容	活用するICT機器，コンテンツ，ソフト，アプリ等
導入	10	前時の振り返り ・大型テレビに前時の板書や子供の振り返り（デジタルノート）を映し出し振り返りを行う。 今日のめあて確認	大型テレビ タブレット端末 授業支援ソフト
展開①	35	グループごとに実験及び記録 ・実験の様子を動画撮影　シートに記録 ・一人一人実験結果をもとに考察を行う。 （授業支援ソフト　個別学習デジタルノート）	大型テレビ タブレット端末 授業支援ソフト 動画機能
展開②	35	一人一人の考察をもとに，グループで考察及びまとめ （授業支援ソフト　グループ学習デジタルノート） 画面共有し，全体での練り上げ→学習のまとめ	
終末	10	振り返り 授業支援ソフト　個別学習デジタルノート 板書を動画撮影し記録，その下に振り返りを記入	タブレット端末 授業支援ソフト

　導入では，前時の板書や子供の振り返り（デジタルノート）を大型テレビに映し出し，本時の学習課題へと結び付けるようにします。次に展開①では，実験や観察の様子を動画撮影し記録に残すようにします。記録に残すことで，何度も繰り返し視聴することもでき，実験結果の考察を考える際に有効となります。

　また，展開②では，一人一人の考察をもとにグループでの学習になります。これまでは，ホワイトボード上にグループの考えをまとめ，黒板に貼り付けて協働学習が行われてきましたが，授業支援ソフトのグループ機能を活用することで，グループでの考えを画面に表示でき，グループの考えを画面共有しながら全体的な学びへと結び付けることができます。また，グループ全員がタブレット端末から同時に書き込むこともできます。さらに，記録に残すこともでき，学びを振り返ることも可能となり，協働学習に効率よく効果的に取り組むことができます。

協働学習

画面共有

説明発表

（横山　誠二）

12 大地のつくりと変化
Googleスライドを活用したデジタル理科新聞づくり

 ## 活用のねらいと特徴

⑴ プレゼン発表を想定したGoogleスライド活用

　これまでの学習のまとめでは，紙面による理科新聞づくりの取組を行うことが中心でしたが，タブレット端末の1人1台の環境が整備されたことで，デジタル理科新聞の取組が可能となりました。まとめることに関しては，Googleドキュメント（ワード系）やGoogleスライド（PowerPoint系）で取り組むことが考えられますが，まとめたものをプレゼン（発表）することを想定した場合は，スライドでまとめる方が適していると考えられます。目的に応じてまとめるソフトを選択することが重要になってきます。スライドでまとめる場合は，枚数を制限しまとめさせることがポイントです。4・5枚でまとめさせることで，必要な情報を取捨選択し，整理分析しながらまとめることになるため，情報活用能力の育成にもつながります。

⑵ Googleスライドのコメント機能を活用した相互評価による推敲作業

　これまでの推敲作業では，友達同士で新聞を読み合い付箋に「よかったところや改善点」について気付きを記入し紙面の理科新聞に貼り付けたり，教師が一人一人の理科新聞を見ながら朱書きをしたりして該当する子供に返すといったことがなされていました。その上，再度修正し直すのに時間がかかり，理科新聞作成にかなりの時間を要していました。

　しかし，児童1人1台のタブレット端末が整備されたことで，推敲作業を短時間で行えるようになり，修正作業もタブレット端末1台で完結するため，手間なく短時間で推敲作業を行えるようになりました。Google版のドキュメントやスライドには，コメント機能があり，アドバイスがスムーズに行えます。また，教師の朱書きもコメント機能を活用すれば，手間なく短時間で実施でき，子供とのやり取りがオンライン上でも可能となります。

 ## 実践の具体例

第6学年「大地のつくりと変化」デジタル理科新聞の取組

　単元終了時に，発展的な学習として，一人一人がもっと詳しく調べたいこと知りたいことをタブレット端末でネット検索したり，動画を視聴したりして必要な情報を収集する作業を行い

ました。その後，Google のスライドを活用して，1人4枚のスライドに限定しまとめる作業を行うようにしました（下図左）。学校の授業では1時間設定し，残りはタブレット端末を持ち帰り家庭学習として取り組むようにしました（下図右）。

図左　学校での調べ学習やまとめをしている様子　　　　図右　家庭学習の様子

　作成したスライドは，必ず Google の共有ドライブ（クラウド）上に保存するようにしました。そうすることで，教師は学校でも自宅でもどこからでも子供の学習状況を把握することが可能となります。

　スライドには，コメント機能があるため，教師は子供が作成したスライドの状況を確認し，学習が進んでいない子供に対して「声かけやアドバイス」をタイムリーに行うことができます。また，教師だけでなく，子供もわからないことをコメント欄に記入しておけば，それを教師が見てアドバイスを行うこともできます。そうすることで，子供の学習状況を把握するだけでなく，必要に応じて声かけやアドバイス，子供からの質問に答えるなど，一人一人の学びが支援でき，個別最適な学びの充実につながります。

【教師のコメント内容】
活動が進んでいませんよ。火山が噴火することで，どんなことがおこるのかを確認して，まとめるようにしましょう。

コメント機能では，子供も活用できるため，質問等を書き込んだり，友達同士でアドバイスし合ったりと相互評価にも活用できる。

子供が作成したスライドに教師がコメントしているスライド画面

（横山　誠二）

13 学校たんけんをしよう
学校たんけんを通したタブレット操作スキルの向上

活用のねらいと特徴

(1) 端末操作スキルの上達〜教科・領域と関連させながら〜

　入学して間もない小学校1年生の子供たちは，広い学校の校舎，新しい先生との出会いに興味津々です。小学校学習指導要領解説生活編には，「学校生活に関わる活動を通して，学校の施設の様子や学校生活を支えている人々や友達，（中略）学校での生活は様々な人や施設と関わっていることが分かり，楽しく安心して遊びや生活をしたり，安全な登下校をしたりしようとする。」とあります。学校たんけんは，多くの学校で初めて取り組む生活科の単元ではないでしょうか。本実践では，1人1台端末を活用しながら学校たんけんを行いました。小学校1年生での1人1台端末の活用では，基本的操作スキルとして，はじめにカメラ機能で写真を撮ったり2次元コードの読み込みを行ったりします。ある程度スキルが身に付くと単純に写真を撮るだけでなく，実際の授業の中で活用する場面をつくることで子供たちの学習意欲も高まります。右の写真は学校たんけんで校内の施設の写真を撮っている様子です。たんけんをする際に写真を撮っておくことで，教室に戻り，どのような教室があったのか，何を見付けたのかなどを発表する際に利用することもできます。

図1　学校の施設をカメラで撮影する様子

(2) ねらいに合わせた活動の変化

　学校たんけんは，1回だけ行うのでなく，ねらいを変えながら複数回行います。それと同時に1人1台端末の使い方にも変化をつけていきます。はじめはカメラを利用するだけでしたが，2次元コードの読み取り方を学ぶと，たんけんの際にも2次元コードを利用した学校たんけんができます。2次元コードを読み取ると，施設に関するクイズが出てきたり，次に行く教室が指定されたりします。子供たちは楽しみながら学校について知ることができます。これをきっかけに，もっと知りたいことなどを出し合い，明確な目的をもった学校たんけんへと学習内容を変化させていきました。

実践の具体例

　たんけんの前に教師が学校内のさまざまな場所に2次元コードを貼っておきます。2次元コードを読み取ると，その教室で調べることがクイズ形式で出されたり，次に行く場所などが指定されたりします。子供たちはその指示に従いながら学校をたんけんします。このときは，指示に従いながらたんけんをすることになりますが，学校のことを知っていく中で自分がより調べたいことを明確にしていきます。以下に示す具体的な様子は2次元コードを読み取りながら行った様子です。

C　次は家庭科室に行くみたいだよ。
C　家庭科室はどこにあるのかな？
C　家庭科室の場所のヒントを見てみよう！
C　3階に行くといいみたいだよ。
C　家庭科室には何があるのかな？
C　食器がたくさんあるよ。
C　写真も撮っておこう。

　右の写真は子供たちが2次元コードを読み取っている様子です。教室では写真を撮ったり2次元コードを読み取る練習をしたりしていました。

図2　2次元コードを読み取る様子

それを，実際に授業の中で利用することで子供たちの意欲に高まりが見られました。活動の際には，1人につき1台の端末を持って活動することもしましたが，端末をグループに1台という制限をして活動することもありました。そのときの目的によって端末の数を調整したり，2次元コードでの指示を変えたりするとより充実した活動をすることができます。そして，遊びの感覚であったものが，徐々に明確な目的をもつようになっていきました。最終的には，それぞれが詳しく調べたいことを決め，自分の目的に合う活動を設定していきます。学校で働くさまざまな先生にインタビューをしたいという子供は，インタビューを行いました。その際にもカメラ機能を使って写真を撮るなど，自分なりに学びを深めていくことができました。

【参考文献】
・文部科学省（2017）『小学校学習指導要領解説生活編』東洋館出版社

（野口　太輔）

14 もうすぐ2年生
端末に保存した写真による成長の振り返りと気付きの共有

☁ 活用のねらいと特徴

(1) 自分自身の成長を振り返るための活用

　本単元は主に内容の(9)「自分の成長」に関わる単元です。この内容では，これまでの生活や成長を支えてくれた人々に感謝の気持ちをもち，これからの成長への願いをもって，意欲的に生活しようとすることがねらいになります。そのためには，自分自身の成長を具体的に実感することが大切です。そこで，自分自身の成長を「自分が大きくなったこと」「自分でできるようになったこと」「役割が増えたこと」といった視点で過去の自分と今の自分を比較しながら振り返る活動を位置付けます。そこで，1年間を通して，日常の学校生活の中で頑張ったことやできるようになったこと，やり遂げたことを写真に収め，自分自身の成長に気付くための気付きの種を学習者用端末に保存をしておきます。他にも，入学して初めて自分の名前を書いた筆跡や，日頃の授業のノート，月ごと行事ごとのめあてカード，絵日記，発育測定の結果表，図工の作品や音楽の歌唱や演奏の様子など，子供にとっての日常の多くが本単元の気付きの種になり得ます。このように本単元では，限られた時数の中で数多くの自分自身の成長を効果的・効率的に振り返ることができるように学習者用端末を活用します。

(2) 自分自身の成長を支えてくれた人に気付くための活用

　本単元では自分自身の成長に気付いていく中で，できるようになったことが増えた自分を支えてくれた人がいたことにも気付き，その人への感謝の気持ちをもつことができるようにしなければなりません。そこで，学習者用端末の保存してきた自分自身の成長に関わる写真を，誰が写っているのか，どんな表情をしているのか，自分とどんな関わりをしているのかという視点で振り返る活動を位置付けます。写真には，できるようになるまでに何度も教えてくれた先生や，励ましたり応援してくれたりした家族，声をかけてくれたり一緒に頑張ったりしてくれた友達が写っています。そういった周りの人の表情や行為を振り返ることで，実感を伴って自分自身の成長は周りの人の支えがあったからだということに気付くことができます。そしてその人の自分に対する関わりを段々と思い出すことができ，支えてくれた人への感謝の気持ちが芽生えてくることになります。このように本単元では，自分自身が成長できたときの周りの様子を振り返り，自分と身近な人との関わりを捉えることができるよう学習者用端末を活用します。

実践の具体例

本時の主眼（7／13時間）

> さまざまなことができるようになるまでの自分を，周りにいた家族や先生，友達が教えてくれたり手伝ってくれたり応援してくれたりしたということに気付くことができるようにする。

　本時では，前時までの「自分ができるようになったことが増えたのは，練習を頑張ったり最後まで諦めなかったりしたからだ」という気付きから，「それだけではなく周りにいた人の関わりがあったからだ」という気付きに高めることをねらいます。

　前時では，学習者用端末に保存をしている自分の写真を，歯を食いしばって頑張る表情やできるまで何度も取り組む様子に目を付けて自分の成長を振り返りました。これを受けて，導入段階では，前時の活動や気付きを振り返った後に，「どうしてできるようになるまで，頑張り続けることができたの？」と問うことで，「応援してくれた人がいたよ」といった自分の周りに目が向き，写真を見返して確かめたいという思いや願いをもたせることができます。

　展開段階では，過去の写真を見返し，周りの人が自分に対してどのように関わっているのかを見付けます。そして，自分ができるようになったことと周りの人の行為を関連付けて学習カードに表現します。

周りの人との関わりを見返す子供の様子

C　持久走記録会で最後まで頑張ったときの写真には，拍手をして応援しているお家の人が写っていたよ。

C　給食当番をしている写真には，私にご飯の盛り方を教えている〇〇先生が写っていたよ。

　このように，同じ写真でも見る視点を変えることで新たな気付きを生み出すことができます。

　また，学習者用端末の共有機能を活用することで，自分の気付きを簡単に他者に発信することができたり，友達の気付きに簡単に触れることができたりします。そうすることで，自分1人の活動では気付くことができなかった周りの人の関わりに気付くことができます。

C　（ボールの投げ方を〇〇くんが褒めてくれて，それから毎日ボールを投げていたら上手になったという気付きを聞いて）私も〇〇先生にそうじの仕方を褒めてもらって自信がついたから，どんどん上手になったよ。

C　（なわとびを一緒に頑張った友達がいたからできるようになったという気付きを聞いて）私も逆上がりができるようになったとき，ずっと〇〇くんが一緒に鉄棒をしてくれていたな。

　このように，共有機能を活用することで効果的・効率的に気付きの量を増やすことができるのです。

（伊藤　将記）

15 とび出せ！町のたんけんたい
地図アプリを活用した町探検

活用のねらいと特徴

(1) 町探検での発見を記録・整理するための活用

　本単元は主に内容の(3)「地域と生活」に関わる単元です。この内容では，地域の場所やそこで生活したり働いたりしている人々に親しみや愛着をもち，適切に接したり安全に生活したりしようとすることがねらいになります。そのためには，実際に地域に出掛け，自分たちの生活はさまざまな人や場所と関わっていることがわかることが大切です。そこで，プライバシーや肖像権に十分配慮した上で，町探検で訪れた場所にあるものや，そこで働いている人，その人が行っている仕事についての発見を，写真や動画で記録するために活用します。しかし好奇心旺盛な子供にとって地域は気付きの宝庫であるため，非常に多くの記録が残されることがあります。そこで，驚きが大きかったものや関心が高かった発見に絞って記録を保存し直したり，記録した発見を「もの」「人」「こと」に分類したりして整理するために活用します。そうすることにより，情意的な側面が含まれた気付きが高まって地域に親しみや愛着をもつことができたり，「もの」の気付きと「人」の気付きを結び付けて町の人が携わっている仕事（こと）への気付きを再認識したりするのです。このように本単元では，町探検の活動を通して生まれる多くの発見を効率よく記録したり，その記録を整理したりするために学習者用端末を活用します。

(2) 地域で安全に生活できるための活用

　内容にもあるとおり，本単元では子供自身が事故やけががなく地域で安全に生活できるようにする態度を育てていくことが求められます。そのためには，実際に地域に出掛ける計画を立てる段階で，安全面について子供自身が話す学習場面が有効です。その際，歩道の幅や車通りの量，横断歩道や歩道橋の有無を頼りに，どの道順で目的地まで行くのか，どんなことに気を付けたらいいのかを考えながら話すことになります。そこで有効なのが地図アプリの活用です。地図アプリに備わっている歩行者の目線で地域を閲覧できる機能を使うことで，安全に気を付けて探検する場所について写真を見せながら話したり，目的地までの道順の計画を立てたりすることができます。その活動によって地域に出掛けることに対する安心感を生み，活動への期待感も膨らみます。このように本単元では，町探検全般を通して，地域を安全で安心な場所として認識するために，学習者用端末を活用します。

実践の具体例

本時の主眼（7／11時間）

> 私たちが通っている附属小学校の周りにある菓子店，ガソリンスタンド，ラーメン店，結婚式場といった場所で働いている人たちは，たくさんの仕事に携わっているということに気付くことができるようにする。

本時では，前時までの「地域にはさまざまな商店や施設があって，そこには働いている人がいる」という気付きから，「それぞれの商店や施設で働いている人が，その場所ごとに違ったさまざまな仕事に携わっている」という気付きに高めることをねらいます。そのためには，町探険で見付けたその場所にあるさまざまな「もの」とそこにいる「人」がしている行為をつなげて，さまざまな仕事に携わっていることに気付くことが大切です。そこで本時では，商店や施設にいた人が何を使ってどんなことをしていたのかを見返すために学習者用端末を活用します。

導入段階では，自分が探険した商店や施設で見付けたすてきを紹介したいという願いから「町たんけんで見つけたすてきをつたえよう」というめあてを立てます。

展開段階では，それぞれの子供たちが見付けた「もの」や「人」がしていた「こと」について紹介しますが，その際，「もの」の紹介については「何に使うの？」と，「人」がしていた「こと」については，「どうやってしていたの？」と発問します。

C　結婚式場で，大きなアイロンを見付けたよ。

T　何に使うの？

C　そのアイロンで，たくさんのドレスをきれいにしていたよ。

C　ラーメン屋さんは，いっぱいスープをかき混ぜていたよ。

T　どうやってしていたの？

町探険での発見を見返す子供の様子

C　こう（両手を握って重ね，大きく円を描くように動く）やって混ぜていたよ。

T　手に何を持っているの？

T　長くて太いしゃもじみたいなものだよ。

教師は，子供の発言に合わせて，「もの」のすてきと「こと」のすてきを板書上つないでいきます。すると子供は町探険の記録を再度見返しながら，「これ（もの）を使って〇〇（仕事）をしていたな」と，学習者用端末を活用しながら次々に「もの」と「こと」を関連付けていきます。この姿こそ，もともと別々だった気付きが関連付けられ気付きの質が高まった姿であるといえます。

このように，記録・閲覧機能を効果的に活用することで，町探険での発見を子供が瞬時に見返すことができ，新たな気付きを生み出すことができるのです。　　　　　　（伊藤　将記）

16 旋律づくり「歌のにじ」
タブレット端末持ち帰りによる動画機能を活用したリコーダー習得

活用のねらいと特徴

(1) 動画機能を活用した撮影・視聴・記録

　リコーダーや鍵盤ハーモニカなど，楽器を演奏する際，「自分がどのような指使いや音色で弾いているのか」を確認することは困難です。そこで，動画機能を活用して自分が楽器を弾いている様子を記録させるようにします。その際，必ず指使いがはっきりわかるような撮り方で撮影するように事前に指導することがポイントです。家庭で撮影することになるので，おうちの方に協力してもらうことも可能です。

(2) 授業支援ソフトを活用した動画記録及び気付きの記入

　動画機能を活用して撮影した動画は，図1（左下）に示すように，授業支援ソフトに貼り付けるようにします。画面上部には，デジタル教科書の歌唱とリコーダーの音源を貼り付けるようにします。そうすることで，音源を何度も聞くことができたり，自分の動画と聞き比べたりすることができ，参考にしながら練習ができます。また，画面右下には，「気をつけたところや工夫したこと」を文字入力できる欄を設け，記述させるようにします。

　授業支援ソフトを活用することで，図2に示すように，全児童の取組状況を把握することができるとともに，教師のコメントを記入したり評価に活用したりすることが可能となります。

図1　授業支援ソフト画面

図2　授業支援ソフト画面

実践の具体例

第４学年音楽科：旋律づくり「歌のにじ」動画機能，授業支援ソフトを活用した記録・発表
　授業計画（２時間扱い）＋家庭学習

単元の流れ	主な学習内容	活用するICT機器，コンテンツ，ソフト，アプリ等
１時間目	デジタル教科書を利用して，演奏する場所や階名を確認し，副次的な旋律をリコーダーで演奏練習する。	大型テレビ デジタル教科書
（家庭学習）	リコーダー練習の様子をタブレットで撮影 ・授業支援ソフトを活用して，記録しておく。	タブレット端末 授業支援ソフト 動画機能
２時間目	家庭で撮影した映像を全体で紹介し，よかった所や改善点など出し合い，アドバイスし合う。	大型テレビ タブレット端末 授業支援ソフト

　１時間目では，デジタル教科書を活用して，演奏する場所や階名を確認してから，リコーダーで練習を行います。その際，指使いのポイントなど技術的な指導を行います。また，家庭学習での動画撮影の仕方や実施方法について説明をします。

　その後，図３に示すように，タブレット端末を家庭に持ち帰り，リコーダーで演奏している動画を撮影します。次の音楽の時間までに何度も練習し，よく演奏できた動画映像のみを授業支援ソフトに貼り付けるように事前に指導しておきます。

図３　家庭学習の様子

　２時間目は，図４に示すように，家庭で撮影したリコーダーの演奏動画を視聴したり，気を付けたことを一人一人発表する時間を設定したりします。その際，図５に示すように，友達のリコーダー演奏でよかったことを紹介したり，アドバイスをしたりして，学び合いを実施し，自分の演奏の振り返りを行うようにします。

図４　発表している様子

　リコーダーの練習を家庭で行うことで，練習の時間を十分確保することにつながり，リコーダー演奏の習熟を図ることができます。また，記録に残すことで，学校での学び合いが可能となり，教師の評価としても活用することができます。

（横山　誠二）

図５　アドバイスしている様子

17 表現を工夫して歌おう 「明日を信じて」
書き込み機能による楽譜への記入や意見の共有

活用のねらいと特徴

(1) 学習のねらい

　この学習におけるねらい（育成する資質・能力）は，①曲の感じと音楽の構造との関わりについての理解や表したい音楽表現をするために必要な歌唱の技能，②歌い方に対する思いや意図をもち，曲のよさを見出しながら楽曲を味わって聴く力，③主体的に学習に関わり，仲間と目指す歌い方を共有しながら音楽に楽しもうとする態度の3点です。

　本歌唱教材「明日を信じて」は，語りかけるようにことばのリズムを生かす部分や高音と低音が重なる部分，かけあう部分と，曲想の異なる3つの部分で構成されています。この特徴を活かしつつ，音楽を形づくっている要素のうち「旋律」「強弱」「音楽の縦と横の関係」に着目し，歌唱の工夫を考えることに適した教材です。また，言葉の区切りやブレスの位置から，フレーズのまとまりを捉えやすいため，グループや全体での話し合いにおいてそれぞれの感じ方を出しやすい教材ともいえます。

(2) ICT活用のポイント
① 単元の導入において

・授業支援ソフトの共有機能を活用して，「明日を信じて」を初めて聴いて感じたことや目指したい歌い方について記述し，テキストマイニングでキーワードを抽出しながら単元を通しためあてづくりを行う。（詳細次頁）

② 単元学習中において

・タブレット端末の書き込み機能を活用して，配付された楽譜上に曲想の違いや旋律，強弱等について感じたことを手書き用ペン等で記入する活動を行う。

・タブレット端末の録画機能を活用して，歌唱練習の前半と後半での歌い方違いについて聴き比べを行い，よりよい歌い方について話し合う。

③ 単元の終末等において

・アンケートフォームを活用して，目指す歌い方が達成できたかについてそれぞれの意見を集約し，達成度を振り返る活動を行う。

・授業支援ソフトの共有機能を活用して，単元導入時と単元末の楽曲に関する感じ方の違いを

比較しながら考えを交流する活動を行う。

 実践の具体例〜テキストマイニングを活用した単元のめあてづくりの実践例〜

T：「明日を信じて」の曲を初めて聴いて感じたことや，どのような歌い方をしたいのかについて考えを交流しながら，単元を通しためあてづくりをしましょう。

C：曲の強弱から優しい感じがしたなあ。

C：リズムがとても心地よくて，楽しい感じがしました。

C：クラスの仲間と明るい未来をイメージしながら歌いたいなあ。

C：卒業前に，５年生に向けたメッセージを歌を通じて伝えたいな。

楽曲を聴いて感じたことをシートに記入している様子

これまで音楽科学習における感じたことを交流する場面では，時間的な制約から限られた子供の意見を交流するにとどまることが多くありました。また，単元を通しためあてづくりの際にも，教師が提示したキーワードをもとにつくられることが一般的でした。

一方，タブレット端末上で授業支援ソフトの共有機能を活用して行うと，

AI テキストマイニング

短時間にすべての子供の感じたことを交流することが可能となるだけでなく，AI テキストマイニング（図参照）を活用することで子供の意見から特徴的なキーワードを抽出し，スムーズかつより多くの子供の考えが確実に反映されためあてを設定することが可能となります。また，言語化しにくい表現についても，配付した楽譜のデータに矢印や下線を引いたものを提示しながら考えを伝えることができるので，言語活動の充実にもつながります。

（石井　雄二）

18 かぶって変身
ペイントソフトによるシミュレーションとデジタル作品集の作成

 ## 活用のねらいと特徴

(1) 学習のねらい

この学習におけるねらい（育成する資質・能力）は，①自ら作りたいお面をイメージしながら表し方や見せ方を工夫して表す技能，②クラスの仲間の作品の面白さや楽しさ，表し方について感じ取ったり考えたりして，自分の見方や感じ方を広げる力，③お面のもつ形や色遣いによってさまざまな感情を表すことのできる面白さに気付いたり，作品を見せ合ったりすることで，楽しい生活を創り出そうとする態度の3点です。

本教材は，もとは同じ形をしていたお面が，色の使い方や見せ方を工夫することで，全く違う印象を与えるお面に変えることができ，イメージを膨らませながらかぶって遊ぶことができるなど，作成前から作成中，作成後を通して活動を楽しむことができるという特色があります。また，クラスの仲間とお面を見せ合ったり，教室に並べて飾ったり，かぶってポーズをつけて撮影したりして鑑賞を楽しむ活動が仕組みやすい教材であるともいえます。

(2) ICT 活用のポイント

① 単元の導入において

・ペイントソフトを活用して，色使いや線や模様のつけ方によって，お面の表情が違って見えることをタブレット端末上でシミュレーションする活動を行う。

② 単元学習中において

・カメラ機能を活用して，作成したお面をかぶってポーズをとった姿を仲間と撮影し合うことを楽しむ活動を行う。

③ 単元の終末等において

・授業支援ソフトの共有機能を活用して，クラスの仲間の作品を鑑賞しながら，そのよさを伝え合う活動を行う。（詳細次頁）

・Google スライドを活用して，お面をかぶった様子の画像にコメントをつけた「デジタル作品集」を作成し，おうちの人に紹介する活動を行う。

実践の具体例～共有機能を活用した鑑賞の実践例～

T：仲間が作ったお面の面白いところや工夫しているところを見付けて，紹介し合いましょう。

C：○○さんのお面は，赤く塗られていてまゆ毛の形がキュッと上がっているのでかっこよかったです。

C：○○さんの画像は，お面とポーズがよく合っているなあと思いました。私もまねしたいです。

C：作品をピンチをして大きくしてみると，○○さんは細かいところまで工夫していることがよくわかりました。

授業支援ソフトを活用して鑑賞している様子

　これまでの互いの作品を鑑賞し合う活動は，クラスの仲間が作品を紹介するのを聞いたり，それぞれの机に作品を並べて見合ったりするのが一般的でした。一方，タブレット端末上で授業支援ソフトの共有機能を活用することで，短時間にクラスの仲間の作品を鑑賞することができるだけでなく，拡大機能を用いて，互いの作品の細部のよさを見付けたり，手書き用ペンを使ってお面をかぶって楽しんでいる仲間の様子についてコメントしたりすることが可能となるなど，子供の見方や感じ方をさらに広げる効果が期待できます。

　また，Google スライド等を使って撮影した作品にコメントをつけて「デジタル作品集」を作成し，おうちの人に紹介する活動を行うことで，作品づくりを今後も楽しもうとする喜びや意欲を高めることもできます。

　さらに，コメント付きの作品集として学習ログを残しておくことで，授業者が子供それぞれの作品づくりに関する技能や思考・判断・表現の評価を行いやすくなるというメリットもあります。

（石井　雄二）

19 さわってわくわく ～壁から飛び出す不思議な生き物～
気付きの記録と振り返りによる表現の見直し

☁ 活用のねらいと特徴

(1) 本題材で大切にしたいこと

さらさら，ふわふわ，ざらざら，つるつる，身の回りにはさまざまな質感をもった材料が存在しています。本題材では，このような材料と触れ合い，子供たちが質感の面白さを見いだすとともに，質感を活かしながら自分なりに表現していくことが大切です。

題材の導入段階で，「この学習で使う材料は○○です」といって教師が一方的に材料を提示してしまうと，子供たちは，自分から材料の質感に着目したり，質感の面白さに気付いたりにすることはできません。そこで「この学習で使う材料は，箱の中に入っています。中身を見ずに，当ててみましょう」といって提示をすると，子供たちは手に神経を集中させ，自然と材料の質感に着目し，質感の面白さを見いだすことができるのです。このように，材料と触れ合う時間を十分に確保することで，子供が質感の面白さを見いだし，「この材料を使って□□を作ってみたい！」といった表現の意欲をもつことができるようにしていくことが大切です。

フワフワ？
サラサラ？
何が入っているのかな？

箱の中に入った材料と触れ合う様子

(2) 本題材におけるICT活用

中学年になると，造形的な見方や感じ方，想像力が豊かになります。そこで，材料との触れ合いや題材との出会いを通して感じたことや想像したことを，学習者用端末に随時保存しておくことが大切です。「スポンジはフワフワしているから，優しい感じが表せそう」といった気付きを記録しておくことで，表したいことについてのイメージをもったり，イメージを膨らませながら表したりすることができます。また，友達の気付きにも着目できるように，情報を共有することも大切です。「スポンジのザラザラした面を使ったら，優しい感じだけではなくて，強い感じも表せそう」というように，材料や表し方についての見方や感じ方を深めることができます。

保存したイメージ図に合わせて表す様子

このように，ICTの保存，共有機能を活用することで，図画工作科で大切な表したいことのイメージを膨らませたり，自分なりの見方や感じ方を深めたりすることができるのです。

実践の具体例

題材のねらい（全4時間）

> 自分がイメージした，学校の壁から飛び出てくる「不思議な生き物」を，触り心地が面白い材料を組み合わせて表すことができるようにする。

　この題材では，学校のさまざまな壁，材料の質感の面白さを見いだし，材料の組み合わせ方を工夫して，学校の壁から飛び出てくる不思議な生き物を表すことをねらいます。

T　先生，昨日の夜，学校の壁から不思議な生き物が飛び出
　てきたのを見てしまったんだ！

C　え〜！　どこの壁？　どんな生き物だったの？

T　家庭科室のゴツゴツした壁から，ゴツくてメラメラ燃え
　る生き物が出てきたんだ。怖かった〜！

C　きゃ〜！　図工室には絵を描くのが好きな生き物がいる
　のかな？　音楽室にはピアノを弾く生き物がいそう！

T　壁からどんな生き物が飛び出てくるかな？　想像した不思議な生
　き物を，いろいろな質感の材料を組み合わせて表そう！

　このような「お話（物語）」を使ったやり取りを通して，子供たち
は想像力を働かせていきます。生き物についてのイメージが明確にな
ったところで，学習者用端末に生き物の名前や説明を記述したり，形
や色をイメージ図に表したりして保存します（第1時）。このイメー
ジに合わせ，スポンジや色セロハン，梱包材などの材料の組み合わせ
を繰り返し試しながら不思議な生き物を表していきます（第2時）。

　一度表した段階で，表現を見直す活動を位置付けます（第3時）。
表現を見直す拠り所になるのが，学習者用端末に記録してきた不思議
な生き物についての説明やイメージ図です。

C　水を出している感じはどうやったら表れるかな？

C　図工室にいるんだよね？　だったら，梱包材を包んだセロハンを
　周りに並べてカラフルにしたらいいんじゃない？

　このように，「どのような不思議な生き物を表したかったのか」を学習者用端末で振り返り
ながら表現を見直すことで，イメージした不思議な生き物に合わせて多様な材質をもつ材料を
十分に吟味しながら選んだり，材料を並べたり重ねたりした自分なりの工夫した組み合わせ方
で表したりすることができるようになるのです。

（平田　将太郎）

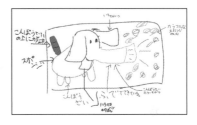

図工室にいるカラフル象のイメージ図（第1時）

「カラフル象」（第2時）

表現を見直す子供の様子（第3時）

「カラフル象」（第4時）

20 ひびき合う形と色を求めて ～版で表す有終の美～

学習履歴を相互評価してイメージに合う表し方を追求

活用のねらいと特徴

(1) 本題材で大切にしたいこと

版画と聞くと,「準備が大変だ」「時間がかかる」といった悩みをもつ先生方も少なくないのではないでしょうか。そんな悩みを解決するのがスチレンボード（発泡ポリスチレン）です。スチレンボードは柔らかくて傷が付きやすく,加工もしやすいため,先の尖った用具を用いて簡単に彫ったり,カッターナイフで形（大きさ）を容易に変えたりすることができます。本題材ではこれらの特徴を活かし,多様な線を彫ったり,色を混ぜたり重ねたりして刷ったりして,試行錯誤しながら自分なりの表現を追求していくことが大切です。

彫りを試す様子

題材の導入段階では,スチレンボードを使った版表現に慣れ親しむことができるようにします。そこで,小さく切ったスチレンボードと,個別の版画用インクセットを使って何度も彫りと刷りを試すことができる造形遊び的な活動を位置付けます。このような試しの活動を十分に確保することで,子供たちは彫り方や刷り方といった版表現における技能を身に付ける

刷りを試す様子

とともに,表したいことを見付けたり,新たな彫り方などを考えたりすることができます。

(2) 本題材における ICT 活用

高学年になると,客観的な表現を望み,造形的な見方・感じ方をより一層深めながら表現することができるようになります。そこで,友達からの客観的な評価をもとに,表現を見直す場面を意図的に位置付けます。そのために,学習者用端末に表したいことのイメージを文章や図で記録したり,作品の写真を保存したりするとともに,学習履歴をいつでも振り返ることができるようにしておくことが大切です。これらの学習履歴をもとに

保存したイメージを見返す様子

相互評価することで,「○○な感じはどこに表したの？」「この線だけでは不十分かな」といった表現を見直すきっかけをもつことができます。

このように,ICT の記録,保存機能を活用することで,イメージを膨らませたりイメージに合う表し方を追求したりすることができるのです。

実践の具体例

題材のねらい（全5時間）

6年生としてどのような「有終の美」を飾りたいかというイメージを，彫り方や刷り方を工夫して線に動きを出したり色に鮮やかさを出したりして表すことができるようにする。

　この題材では，「小学校生活をどのように締めくくりたいか」といった自分が思い描く有終の美についてのイメージを，形や色と関連付けながら版で表すことをねらいます。

　第1時では，彫り方や刷り方といった版表現における基礎的・基本的な技能を身に付けたり，版表現のよさや面白さに気付いたりすることができるように，造形遊び的な試しの活動を位置付けます。その際，試しの表現でできた作品を写真に撮ったり，点や線，色に対する見方・感じ方を記述したりしたもの（ワークシート）を学習者用端末に記録します。

学習者用端末で作成したワークシート

　第3時の導入段階では，保存した学習履歴を見返しながら，有終の美についてのイメージと作品を比較し，そのイメージが点や線，色に表れているかを友達と評価し合う場面を設定します。

C1　友達との協力や絆は，どの線や色で表しているの？

C2　ここの線で絆が強い感じを表したかったんだけど…。

C1　だったら，もっと線を重ねて絡まる感じにしてみたら？

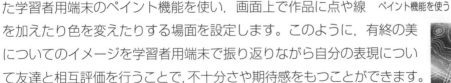

学習履歴を使って相互評価する

　第3時の展開段階では，友達からの評価をもとに自分の表現を作り変えていきます。そこで彫り方や刷り方を作り変える見通しをもつため，有終の美についてのイメージを見返したり，友達の彫り方や刷り方を選択したりする場面を設定します。ま

ペイント機能を使う　表現を作り変えていく

た学習者用端末のペイント機能を使い，画面上で作品に点や線を加えたり色を変えたりする場面を設定します。このように，有終の美についてのイメージを学習者用端末で振り返りながら自分の表現について友達と相互評価を行うことで，不十分さや期待感をもつことができます。そして，イメージを膨らませたり，イメージに合う彫り方や刷り方を選んだりして表現を作り変えていきます。このような学習を積み重ねていく

作り変えた表現

ことで，表現の意図を明確にしながら表す子供を育てることができるのです。　（平田　将太郎）

21 整理整とん
カメラ機能や Google ドキュメント，共有ドライブの活用

☁ 活用のねらいと特徴

⑴ カメラ機能や Google ドキュメントを活用した学習のまとめ

　タブレット端末で頻繁に活用するものの１つにカメラ機能があります。撮影し保存することで記録に残すことが可能となるため，どの学年どの教科でも活用します。しかし，ただ撮影させると目的に合わない画像も多く見られます。そこで，撮影させる前に，学習内容をきちんと指導し，「どのような撮り方をすると目的に応じたわかりやすい画像になるのか」を考えさせ，全体共有してから撮影させることが重要です。

　今回の授業では，カメラ機能を使って，学校内の整理されていない場所や整理されている場所の画像を撮影させます。授業の最後には，まとめたものを一人一人発表させるようにしますので，発表を意識したわかりやすい撮影の仕方やポイントを事前に確認してから活動に入ります。

⑵ Google ドキュメントや共有ドライブを活用したまとめ・発表

　カメラ機能を活用して撮影した画像は，下図左に示すように，Google ドキュメントに貼り付け，気付きを記入させます。教師が型（原本）を作成し共有ドライブ上に保存しておくと，子供は原本をコピーして，共有ドライブ上に自分の名前を付けて保存するようにします（下図右）。そうすることで，子供がドキュメントにまとめたものを教師は把握することができます。

　また，共有ドライブ上に保存しておくと，発表する際もすぐに画面が大型テレビに映し出され発表もスムーズに行うことができます。

図1　Google ドキュメント上の画面

図2　共有ドライブ上の画面

実践の具体例

第5学年家庭科「整理整とん」カメラ機能，ドキュメント，共有ドライブを活用した実践

授業計画（本時の展開　1時間扱い）

単元の流れ	主な学習内容	活用するICT機器，コンテンツ，ソフト，アプリ等
導入	デジタル教科書を利用して，整理整とんについて確認。	大型テレビ デジタル教科書
展開	①学校内の整理されていない場所や整理されている場所を探しカメラで撮影。（学校内） ②撮影した画像をドキュメントに貼り付け，気付きを記入し，共有ドライブに保存。（教室）	タブレット端末 カメラ機能 ドキュメント Googleドライブ上
終末	学校内の整理整頓について，気付きを出し合い，どんなことができるのかを考える。	大型テレビ タブレット端末

図3　タブレットによる撮影記録

図4　タブレットによる編集作業

　導入では，デジタル教科書を活用して，整理整頓について確認します。次に，学校内で整理されている場所や整理されていない場所について，予想し全体共有します。活動（撮影，まとめ）に入る前に，撮影のポイントやまとめ方を事前に丁寧に説明してから活動を行うようにします。

図5　発表の様子

　展開では，まず，学校内の整理されている場所や整理されていない場所を探し，図3のようにカメラ機能を活用して撮影していきます。いくつもの場所を撮影した後は，図4に示すように，Googleドキュメントに貼り付け，気付きを記入していきます。型（原本）があるので，子供の作業は，画像の貼り付けと気付きを記入するだけなので，短時間で実施することができます。

　終末では，Googleドキュメントにまとめたものを図5に示すように，発表し合い，「今後どのようなことができるのか」を整理して，次の活動につなげていきます。　　　　　（横山　誠二）

家庭

小学校6年

22 自分のペースで製作！得意な子も苦手な子も満足のナップザックづくり

授業はじめのアンケートフォームで知識や技能を定着

活用のねらいと特徴

(1) 動画付きスプレッドシートで得意な子も苦手な子も満足！

6年生家庭科の布を用いた製作では，ミシンを使ってナップザックやトートバッグなどの袋型のものを作ります。5年生ではランチョンマットやエプロンなどを作っており，そのときにもミシンを使っています。しかし，たった数時間の製作でミシンの使い方をマスターできるはずがなく，子供の技能差はかなり大きいです。その技能差に対応しながら個別指導を行い，ミシンの修理も行い，机間巡視をこまめにしながら全員の状況を把握し，次の指示を出すのは，かなり難しいです。

そこで，全員の達成状況を把握できるようなスプレッドシートを作成し，「終了です！」「途中です！」をプルダウンで選択させながら製作させました。これで，誰が何をしているのかが一目でわかります。また，工程を細かく分けて書いておくことで，説明書を確認しなくても漏れなく作業が進められるようにしました。さらに，それでも困った際に動画で確認ができるように，教材会社が作成した動画のリンクをシートに貼り付け，いつでも見ることができるようにしました。このシートがあることで，早い子はどんどん進めることができますし，ちょっと困る子は動画で確認しながら進めることができます。教師は，本当に支援の必要な子をサポートしたり，ミシンの修理をしたりすることができます。また，全体の状況も一目でわかるため，適切なタイミングで声かけや支援をすることができます。

(2) アンケートフォームによる問題で要点確認！

シートを用いるだけでも十分スムーズに進むのですが，「口あきの直前で縫い終わる！」「返し縫いを忘れない！」「布の重ね方に気を付ける！」など，細かいチェックポイントを案外忘れがちです。全体で確認しても，いざ作業となると忘れてしまう子もおり，やり直しをしなければならないことも多いです。

そこで，アンケートフォームを用いて問題を作成し，毎回の授業のはじめや作業の直前に取り組ませました。はじめに取り組ませることで知識や技能の定着を図ることができます。作業の直前に取り組ませると，間違いをかなり防ぐことができます。ちょっとの工夫ですが，シートを用いた製作がよりスムーズに進みます。

実践の具体例

時	学習活動
1	・理想のナップザックを考える。・スプレッドシートの使い方を知る。
2〜5	・製作のポイントを知る。・自分のペースで製作をする。
6	・実際ナップザックを使った感想を交流し，単元を振り返る。

　上記のように単元を6時間で計画し，実践しました。

　1時目では，「修学旅行のフィールドワークで使うナップザックを作ろう」と単元のゴールを示し，どのようなナップザックにしたいのかを考えさせました。その上で，スプレッドシートを見せて，シートの使い方の確認をしました。

　2時目では，実際に動画を見せながら製作の流れやポイントを確認しました。その後，5時目までは各自で製作を進めました。電子黒板にはスプレッドシートを写しておき，教師が常に全体を把握できるようにしました。子供たちは，写真のようにタブレットを見ながら製作していました。シートの工程をもとにしながら漏れなく作ることができていました。また，「縫う前に一度先生にチェックを受けること」「チェックを受けたら，フォームクイズをしてから縫い始めること」と，教師のチェックを受ける機会を設けて取り組ませましたので，間違いを未然に防ぎながら製作をさせることができました。早い子は3〜4時目には完成させることができました。その子たちには，シートの進捗状況を見ながら，ミニ先生として教えるよう促しました。進捗状況が一目でわかるため，必要な支援を適切に行うことができ，子供たちは時間内に完成させることができました。

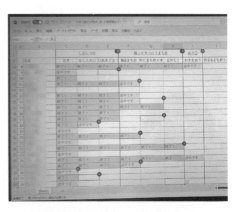

電子黒板に写したスプレッドシート

製作している子供の様子

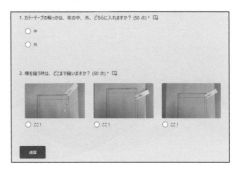

アンケートフォームの問題

　6時目では，修学旅行で使ってみた感想を交流し，上手くいったこと，次の製作をするときに気を付けたいことなどを振り返らせました。

（資料提供：佐賀県佐賀市立本庄小学校　山下　健太／執筆：野口　太輔）

23 器械運動～鉄棒運動～
体育授業における初めての端末活用の工夫

 ## 活用のねらいと特徴

(1) 授業のねらい

　4月に3年生になったばかりの子供たち。「鉄棒運動」は，運動場で行われる初めての単元です。また私は，級外であり，子供たちとは体育の週3時間だけしか担当しません。だからこそ，「3年生の体育は楽しい！」「久保先生の授業が大好き！」と思ってもらいたいです。

　鉄棒運動を苦手とする子供たちもいる中で，どのようにして鉄棒運動を楽しみながら技能を高めていったか，また，端末の使用にも慣れていない子供たちにどのような活用をしたのか紹介していきます。

(2) 端末の活用方法

・学習カードとして，Google ドキュメントを利用（Google Classroom の課題として配信）。感想「うまくできたことやうまくできなかったこと」を音声入力機能を利用して，記入。
・試技の確認として，カメラ機能を利用して，動画の撮影。

 ## 実践の具体例

(1) 運動との出会い，端末の活用なし（1～2時間目）

　1時間目は，運動との出会いの時間。「鉄棒の技を知っていますか？」と問うと，「逆上がり，ふとん干し…」と固有の技名を伝えてくれます。そこで「技って何だろう？」と私が問い返すと，「？」とうまく答えることはできませんでした。そこで「技とは，鉄棒の前に立ち，鉄棒を握って何かして，また鉄棒の前に立つことだよ」と伝え，「何かしての部分は，回ったり，ぶら下がったり，膝をかけて上ったりといろいろあるのですよ」と説明を加えました。こう伝えた後は，子供たちは固有の技にこだわることなく，楽しそうに活動に取り組んでいました。

　この2時間は端末を活用はしていません。理由は，端末に慣れていない子供たちに，その使用方法について時間を割くよりも，鉄棒運動に夢中に取り組んでほしいと考えたからです。

(2) 学習カードとしての端末の活用（3時間目〜）

　子供たちは自分なりの技を創り出したり，固有の技にチャレンジしたりするなど，とても楽しそうでした。子供たちがどんな思いで活動をしているのか把握するために，また「思考・判断・表現」の評価に活かすために，3時間目から端末を学習カードとして利用することにしました。

　子供たちは，Google Classroom の課題提出や Google ドキュメントの音声入力が初めてだったため，活動を20分ほどで終え，教室で端末の説明をしました（写真1）。4時間目以降は，外で記入することにしましたが，はじめは15分程かかってしまいました。しかし，慣れ始めてくると10分以内でできるようになりました。

写真1　教室で学習カードの記入

(3) カメラ機能の活用（5時間目〜）

　学習カードの活用にも慣れ，一方で技能の高まりに停滞感も起き始めた5時間目からは，カメラ機能を活用しました。時間の後半から使うことを伝え，そのために前半は技を洗練化させたり，できない技にチャレンジしたりして，後半の撮影に臨ませました（写真2）。撮影したら，自由に見てよいことにしました。動画を見ている子たちには，「見て，何を思ったの？　何に気付いたの？」「気付いたことを試しておいで」と声をかけ，見る目的を常に意識させました。

写真2　動画撮影の様子

　これまでも楽しそうに活動をしていた子供たちですが，動画の撮影をし始めると，より活動が活発になり，さらに「もっとかっこよく」や「できた！」の声が聞こえ始め，技能の向上に寄与していることが伺えました。

(4) さいごに

　端末の活用に伴い，運動時間は減少します。使い始めた頃は特にそうです。しかし，1，2時間目は，45分間

写真3　日陰で動画を見る様子

鉄棒運動に取り組むと，最後の方は握力の低下に伴い，集中力も切れてくる様子がありました。その点において，端末を活用することで，集中力の低下を防ぎ，技能向上に寄与するよさがありました。また，撮影した動画を見るとき，学習カードを記入するときは日陰で行いました（写真3）。日向でははっきり見えないからであり，熱中症対策にもなりました。　　（久保　明広）

24 ゲーム～タグラグビー～
デジタル版作戦ボードの活用による集団技能の向上

 活用のねらいと特徴

(1) 撮影のポイントを明確にした子供による撮影

　体育の授業では，自分や友達の動きをタブレット端末等で撮影視聴して，課題把握や課題解決に役立てることはどの学校でも実施されていいます。しかし，ただ自由に撮影させるだけでは，課題がうまく把握できなかったり，技能ポイントを意識できず課題解決に結び付けることが難しかったりします。ボール運動などの集団による活動ではさらに撮影が難しくなり，撮影の視点が明確でない場面が多く見られます。そこで重要なのが，撮影させる前に，教師と子供で動きや技のポイント，本時で学ぶべき動き等をしっかりと整理する必要があるということです。本時でどんな動きや技を学ぶのかが明確になることで，「どの位置や角度からどのように撮影するとよいか」という撮影の視点が明確となり，意味のある動画を撮影することが可能となります。

(2) デジタル版作戦ボードの活用

　デジタル版作戦ボードでは，従来のホワイトボードとは異なり，以下に示すように，チームメンバーの名前表示や作戦の保存，アニメーション機能があるため，考えた作戦を何度も繰り返し閲覧できますので，自分はどの場所からどのように動くとよいのかという役割分担とポジショニングを確認することができます。また，保存してある作戦がアニメーション機能を活用してボタン1つですぐに再生できるため，短時間で作戦の確認を行うことができ，チーム全員が作戦を理解することが可能となります。しかし，作戦ボードの使い方に慣れるのには，少し時間がかかりますので，休み時間等を活用して行うなどの工夫が必要になります。

・作戦の保存機能（立てた作戦が名前をつけていくつも保存できる。）

・アニメーション機能（どのように動くのがアニメーションで見ることができる。）

・名前記入（チームの名前が記入でき，選手交代も容易にできる。）

・作戦の修正（途中の動きをリセットし，動きを修正することができる。）

実践の具体例

第5学年　体育「タグラグビー」での取組

授業前半にチームの課題に応じた練習を行い，授業後半は，ゲームを中心に取り組みます。また，作戦ボード活用の流れとして，右表に示すように，ゲーム前後には作戦タイムを設けて，作戦の確認や修正を行うようにさせるとともに，ゲームは毎回タブレット端末を活用して動画撮影させ，動きを確認できるようにします。

時	作戦ボード活用の流れと協議内容
0	ゲーム前の作戦タイム
↓	①事前に考えた作戦の確認→選択→決定
	②チーム全員で作戦の動きの確認
	ゲーム（タブレット端末によるゲーム撮影）
	ゲーム後の作戦タイム
	①撮影した映像を視聴
	・個人やチームの課題把握→作戦の修正
	②作戦ボードによる作戦の修正
45	・映像視聴時の協議内容をもとに作戦の修正

撮影の視点としては，本時の課題によって撮影する場所が異なるということです。例えば，課題が以下のように，「ボールを持たない人」であれば，側面からの撮影で課題把握ができます（右図）。

課題	ボールを持たない人はどこにどう動くとよいか。
身に付けるべき技能	・ボール保持者の後ろに付く。 ・敵がいない，パスがもらえる場所に移動する。

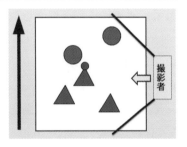

撮影する場所

また，課題が「ボールを持っている人」であれば，空間を撮影する必要があるため，攻撃側の後方からの撮影で課題把握ができます。このように，課題に応じてどこから撮影するとよいかを子供と一緒に考えて取り組むことで，意味のある動画撮影視聴ができることになります。

デジタル版作戦ボードの活用については，ゲーム前後での活用が中心となります。ゲーム後は，右図に示すように，ゲーム動画を視聴して課題解決に向けた話し合いをした後，作戦ボードの動きを修正したり，違う作戦の確認をしたりして，次のゲームに備えることになります。

タブレット端末1台で動画撮影視聴から作戦ボードまでを活用できるため，ボール運動等のチームで行う種目に適した活用の仕方であると考えます。また，1人1台の端末が可能であれば，デジタル学習カードとしての活用も図れます。（横山　誠二）

映像視聴後の話し合いの様子

①「Aさんは，もう少し左サイドに敵を引き付けるといいね。」

②「そうだね，その後でB君が後ろから走りながらパスをもらって，逆サイドに突破を目指すようにすると，タグを取られずトライできるね。」

③「そうすると，突破作戦もうまくいくね。」

④「次は，C君が最初にボールを持つから，どの位置まで突破を目指すかをもっとはっきりさせた突破作戦でいこう。」

作戦会議の様子

25 器械運動〜マット運動，跳び箱運動〜
課題の提示や試技の撮影，学習カードの活用

 活用のねらいと特徴

(1) はじめに

　本事例では，1つの単元を紹介するのではなく，1学期のマット運動と3学期に行った跳び箱運動の2つの器械運動の単元を紹介します。端末の活用について【変化】と【継続】と表記することで，年間を見通した活用方法の参考になればと思います。

(2) 端末の活用の意図
○活動や課題の提示
・モデルとなる動きや課題を見せることで，技能の習得や本時のねらいの把握に活かされる。
○試技の撮影
・自分の動きを確かめたり，動画をもとに友達同士で助言し合ったりすることに活かされる。
○学習カード
・子供にとっては思考の整理に，教師にとっては思考・判断・表現の評価材料に活かされる。

 実践の具体例

(1) 導入《活動・課題提示場面》

　【継続】導入時に，その時間の課題としたい動画を見せました。例えばマット運動では「開脚前転」でうまく立ち上がることができない姿，跳び箱運動では「台上前転」と「開脚跳び」の着手位置がうまくできている姿です。動画で課題やモデルを提示することで，説明が短くてすみ，イメージの共有化ができるよさがありました。

　【変化】学級集団として日の浅い1学期は，「学び方」についても提示しました。1人黙々と技に取り組んでいる姿を動画で見せることで，少し緩みのあった学び方が，この動画提示を境に変わっていきました。学び方の提示も1つの有効活用ですが，学級が成り立っていた3学期はこのような活用はしていません。

(2) 展開《課題解決場面》

【変化】1学期は積極的に授業者が端末を持って，撮影し，その場で子供たちに見せました。子供は自分の姿を客観的に見ることができ，「わかる」と「できる」がつながる喜びを感じていました。はじめに端末のよさを実感してもらうことで，その単元の後半や3学期には自分達で撮り合い，技能の習得や助言し合う姿が当たり前のようにありました。

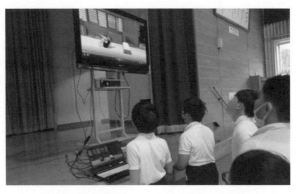

写真1　動画を見て，参考にしている場面

【継続】教師が「技動画一覧」を保存している PC を毎時間準備しました。「技動画一覧」は，技能の高い子供の試技を私が録画したもので，1つの技を1ファイルにしています。子供は新しい技を行うときやうまく技ができないときなど，自主的に見ることができ，主体的な学びへとつながっていました（写真1）。

(3) まとめ《振り返り場面》

【変化】学習カードに端末を活用しましたが，打ち込みや端末に慣れていない1学期は Google フォームを使い，感想を音声入力するだけにしました（写真2）。3学期は Jamboard を使い，感想や気付きを書き込むようにしました。子供が気付きを技ごとにまとめたり書き込みをしたりと，自分なりに思考をまとめる，整理するツールへと変容させられるようになっていたのは，大きな変化です（写真3）。

同じ器械運動ということで，1学期と3学期を比較しましたが，この間にさまざまな取り組みがあって，子供の活用能力が高まっています。そこには，私が端末の活用を教師主体から子供主体にシフトチェンジしようとした意図が常にあったことを最後に記します。

（久保　明広）

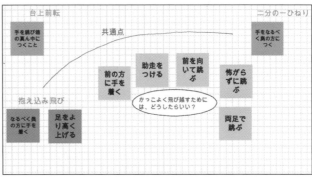

写真2　Google フォームの音声入力機能を利用した学習カード

写真3　Jamboard を利用した学習カード

26 陸上運動〜走り高跳び〜 「自己新記録を高めよう！」

撮影，デジタル学習カードの活用，感想の分析で「納得解」の形成を目指す

☁ 活用のねらいと特徴

(1) 授業のねらい

現在はVUCAの時代といわれ，予測困難な世の中で，絶対的な正解というものがないのではないか，といわれています。内閣府・総合科学技術イノベーション会議で発表された「Society5.0の実現に向けた教育・人材育成に関する政策パッケージ」(2022)では，「個別最適な学び」と「協働的な学び」による「それぞれのペースで自分の学び」「対話を通じた『納得解』の形成」という教育の転換は注目されます。

端末の利便性を活かし，「納得解」の形成のような，学習の深化のために端末を活用したいものです。そこで，端末を活用した「走り高跳び」の実践を通して，「納得解」の形成を目指した実践について紹介していきます。

(2) 端末の活用方法

試技を撮影し，振り返りに活用

端末のカメラ機能で自分の跳躍を撮影してもらい，動きを確認したり記録として残したりして，振り返りに活用しました（写真1）。

学習カードとしての活用

「個人の学習カード」（Googleスライド）：1枚のスライドに，自分の動画，挑戦した高さの記録と結果，自分の感想，保護者のコメント，教師のコメントが記されます。

写真1　動きを撮影して記録する

「みんなの学習カード」（Jamboard）：より高く跳び越すためのポイントとして出された「助走」「踏切」「跳び方（姿勢）」についての気付きを，書き込みます。クラスのみんなが気付きを共有できます。

感想の分析に活用

「個人の学習カード」に記された子供の感想を，教師がユーザーローカル社のAIテキストマイニングを利用し，次時の授業や授業改善に活用します。

実践の具体例

(1) 「それぞれのペースで自分の学び」に向けて《単元序盤》

＊単元を貫く問いの設定：「走り高跳び」という運動において何を学ぶのか，ということを曖昧にせず，「より高く跳び越すためには!?」という問いを設定しました。

＊思考の焦点化：１時間目の振り返りに，「どんなことを意識していけば，より高く跳び越せそうか？」と問うと，「助走，ふみきり，跳び方」の３点が挙がりました。次時以降，子供が学びを進めていく手がかりとなりました。

(2) 「対話を通じた『納得解』の形成」に向けて《単元中盤～終盤》

Point１～子供同士の関わり～

　端末を開くと，「みんなの学習カード」に気付きが書かれてあります。書いた人が同じグループにいれば，その人に直接考えを聞き，書いている人が違うグループであれば，グループの仲間と「これどういうことかな？　どうやったらいいのかな？」などのやり取りを行うことができていました。また撮った試技を自分で確かめるだけではなく，子供同士でアドバイスする場面も多々見られました。

Point２～教師の関わり～

　教師は「みんなの学習カード」をモニターに映しながら「跳ぶときに『足を伸ばした方がいい』という気付きが多いけれど，『曲げた方がいい』という気付きもある。どうなんだろう，試してごらん」と投げかけて授業に臨ませました（写真２）。このように，毎時間の導入場面で，端末に残る感想や気付き，テキストマイニングの結果を提示し，子供がより高く跳ぶための「納得解」に向けて，問いかけていきました。

写真2　モニターで学習カードを共有

Point３～保護者の関わり～

　端末を持ち帰り，保護者にコメントをもらうようにしました。保護者からは「子供の様子が知れてよかった」など肯定的な意見が多く，子供自身も「褒めてもらった，アドバイスがもらえた」など肯定的でした。一方保護者から「コメントが難しかった」という意見があり，保護者と共有する上で，教師が保護者に何を求めるのかはっきりすべきという課題もありました。

　以上のような取組により，走り高跳びという個人種目でありながら，「協働的な学び」ができ，子供と教師と保護者が対話を通じながら「納得解」を形成していくことが，ある程度できました。端末を十分活用し，これからも学習の深化を図っていきたいです。

【引用・参考文献】
・久保明広（2023）『視聴覚教育７月号』日本視聴覚教育協会　　　　　　　　　　（久保　明広）

27 "What do you like？"（何がすき？）
インタビュー活動での活用によるねらいの達成と意欲の向上

 ## 活用のねらいと特徴

(1) ねらい

　タブレット端末を使い，友達に何が好きかを尋ねたり答えたりする活動です。友達が答えた好きな色と好きな果物を使って，タブレット端末でパフェを作ります。友達の好きなパフェが完成したら，お互いに作成したパフェのカードを送り合い，聞き取れていたかを確認する活動です。

　ねらいは以下の3点です。

・What do you like？を使って質問したり，質問されたことに対して，自分なりに答えたりして交流を楽しむ。

・色や果物など学習してきた表現方法を用いて自分の意見を伝えようとする意欲を高める。

・他者の意見を積極的に聞き取ろうとする意欲を高める。

(2) 特徴

　本校では，ICT教育に力を入れており，こども園からタブレット端末の学習が行われています。また，小・中では全児童生徒がタブレット端末を使用し，話し合いでの意見交換の際に活用したり，プレゼン資料作りをしたり，さまざまな場面で使用しています。3年生で始まる外国語活動では，上記に示したねらいを達成するために，ICT機器やタブレット端末を主に3つの場面で使用しました。1つ目は，友達に好きな色やフルーツを尋ねるインタビュー活動の場面です。2つ目は，作成したパフェカードをお互いに送り合ったり，どんなカードができたかを確認するために，全体で共有したりする場面です。3つ目は，ALTの好きな色やフルーツを聞き取り，正しいカードを選択する場面です。外国語活動にICTの活用を取り入れることで，ねらいを達成するだけでなく，やってみたいと思える意欲の向上につながります。

 ## 実践の具体例

(1) 活動の流れ

① Warming up

② Small Talk

③ Today's Goal

④ Main activities

⑤ 振り返り

①挨拶をして，子供たちの様子を聞きます。Happy raise your hand. や Hungry raise your hand. と聞き，子供がどんな気分なのか簡単に聞き，リラックスさせます。また前時に好きな食べ物を尋ね合ったことを確認し，尋ねる活動が引き続き行われることを確認しました。

②チャンツでは，教科書に載っているチャンツを座席の隣で役割を交代しながら発音しました。ここでも ICT 機器を活用し，チャンツの内容を大型テレビに映しました。ポインティングゲームでは，ALT や教師が言った単語をペアで指さすゲームを行いました。これから使用する単語の確認の一助となったり，英語発音のオレンジと日本語発音のオレンジなどの違いがあることを確認したりしました。

③めあて「友達の好きな色や果物をたずねたり，答えたりしよう。」を確認しました。今回教師が ALT に好きなパフェを作った設定で Do you like ○○？ と３色で３種類の果物が乗ったパフェについて尋ねるが ALT はすべて No,I don't. と答えます。そこで，最終的に ALT の好きなパフェを当てるために，まずは友達同士でインタビューをし合い，好きな色や果物を聞き取る活動をすることを伝えました。

C1　What color do you like?

C2　I like red.

C1　Me,too. (パフェを塗る)

C1　What fruit do you like?

C2　I like apple.

C1　Me,too. (パフェに果物を乗せる)

④実際に友達に What color do you like? と聞き，好きな色を３色でパフェの器を塗ります。その後 What fruit do you like? と尋ね，好きな果物を３つそのパフェに乗せます。その後お互いのタブレット端末にカードを送り合い，完成したパフェを確認します。全体にも共有するためにテレビ画面に映し出します。他のペアが作成したカードを見ることで，自分が使用した色や果物以外の言い方の確認ができます。

⑤学習した文章を使い子供が ALT に What color do you like? What fruit do you like? と質問します。ALT は答え，子供は答えられた色と果物のパフェカードを選び教師に送ります。正しく聞き取れていたか確認し，評価として使用します。

（木嶋　麻友美）

28 "What's this?"（これは何でしょう？）
プレゼンテーションソフトの活用とテレビ会議システムによるクイズ大会

活用のねらいと特徴

(1) 学習のねらい

この学習におけるねらい（育成する資質・能力）は，①身のまわりの物の言い方やある物が何かを尋ねたり答えたりする表現に慣れ親しむ，②ある物が何かを尋ねる表現について考え，聞いたり答えたりすることができる力の育成，③相手に伝わるように工夫しながら，クイズを出したり答えたりしようとすることができる態度の3点です。

「これは何でしょう？」とクイズを出したり答えたりすることは，子供にとって遊びの場面でよくある身近な光景であり，自分で工夫をしてクイズの内容を考えたり，仲間のクイズに答えたりすることは，子供にとって知的好奇心をくすぐられる教材といえます。本学習に出てくる "What's this ?" "It's a～." "Hint, please." "That's right!" という表現を用いてさまざまなクイズを出し合うことで，主体的にコミュニケーションをとることの楽しさを味わわせるとともに，より円滑な意思疎通のために，身振りや手振り，表情，タブレット端末で作成した絵カードの提示など，非言語的要素を活用することのよさも感じさせることができます。

(2) ICT活用のポイント

① 単元の導入において

・拡大提示装置を活用して，教師が提示した身近なもののシルエットが何であるかを英語で答えたり，尋ねたりする活動を行う。

② 単元学習中において

・プレゼンテーションソフト（Google スライド）を活用して，ヒント画像を3つ各自で作成し，グループごとに英語で尋ねたり，答えたりするスリーヒントクイズを楽しむ。（詳細次頁）

③ 単元の終末等において

・テレビ会議システムを活用して，ALT や留学生の方に対して作成した画像を使ったクイズ大会を開く。

実践の具体例～プレゼンテーションソフトを活用したヒントづくりの実践例～

> Ｔ：タブレット端末を使ってヒントを３つ作り，英語でグループの仲間とスリーヒント
>   クイズをして楽しみましょう。What's this?

グループの仲間とスリーヒントクイズをしている様子

　これまで外国語活動において同様の学習活動を行う際には，画用紙等にヒントになる絵を描いて提示するなどしていましたが，絵を描いたり，変更したりすることに時間がかかるため，本来時間をかけるべき英語でのコミュニケーション活動が制限されるなどの課題がありました。

　一方，プレゼンテーションソフトを活用することで，ヒントで使いたい画像をインターネット検索を活用してすばやく作成・変更・修正することができ，英語でのコミュニケーション活動を十分楽しむことができるようになります。また，ヒントを出す順序を試行錯誤しながら何度も入れ替えたり，アニメーションをかけて出し方を工夫したりするなど，コミュニケーション活動を充実させることもできます。

　さらに，テレビ会議システムを活用して多様な相手に画像を提示する際にも，画面共有をして画像を大きく提示するなど，デジタルコンテンツならではの他者に対する配慮も可能となります。

（石井　雄二）

29 "Let's think about our food."
（オリジナルカレーを紹介しよう）

テレビ会議システムによる ALT とのやり取りやインターネットによる
検索活動

 活用のねらいと特徴

(1) 学習のねらい

　この学習におけるねらい（育成する資質・能力）は，①いろいろな食材やそれらの産地について，尋ねたり，答えたりしてやり取りする技能，②学習した語句や表現を選択しながら ALT や仲間と自分だけのオリジナルカレーについてやり取りできる力の育成，③さまざまな食材の食料自給率について予想したり，調べたりしたことを簡単な語句や基本的な表現を用いて伝え合おうとする態度の3点です。

　今回の学習では，食べたものや普段食べるものを表す語句〈What did you eat?〉〈I ate ～.I usually～.〉，産地を表す語句〈～is from...〉，グループの所属を表す語句〈～is in the...group.〉を学習するため，「カレーライス」というポピュラーな料理を題材として扱います。相手にオリジナルのカレーライスを紹介しようという単元のめあてを設定することで，さまざまな食材と栄養素に関する英語表現について学習できるだけでなく，食材を通じて世界とのつながりを考えることができ，興味・関心をもって取り組むことができます。

(2) ICT 活用のポイント

① 単元の導入において

・テレビ会議システムを活用して，ALT とやり取りする活動を行い，ALT に対しておすすめのオリジナルカレーを紹介するという単元を通しためあてを設定する。

② 単元学習中において

・インターネットの検索エンジンを活用して，世界中のカレーライスや，自らの好きなカレーライスに入っている食材や調理方法との違いを調べ，英語で紹介する活動を行う。

・録画機能を活用して，学習した語句や表現を選択しながら自分だけのオリジナルカレーについて説明している様子を仲間と記録し合い，よりよい発表の仕方に考える。（詳細次頁）

・テレビ会議システムを活用して，ALT に対してオリジナルカレーを紹介する。

③ 単元の終末等において

・インターネットの検索エンジンを活用して，さまざまな食材の食料量自給率について調べたことを英文にまとめて書く。

実践の具体例 〜録画機能を活用した発表の様子を記録し評価をする実践例〜

T：自分だけのオリジナルカレーについて仲間とやり取りする練習をしましょう。

①：Hello.

②：Hello.

③：This is our Power-up Curry. This is pork.

④：Where is the pork from?

⑤：The pork is from Kagoshima.

⑥：How much is it?

⑦：It's 400yen.

⑧：Your curry looks delicious!

⑨：Thank you.

録画機能を使ってオリジナルカレーについてのやり取りを記録している様子

　これまで外国語科においてやり取りの練習を行う際には，あらかじめやり取りの様子を評価する役を決めておき，その評価役の仲間からのアドバイスを聴いた上で，自らのやり取りを改善したり，自己評価の参考にしたりしていました。

　一方，録画機能を使って自らのやり取りの様子を録画しておくことにより，繰り返し再生しながら細かいところまで確認したり，相互評価の場面においてやり取りの様子を見ていた他者が録画の一画面を指し示しながら具体的なアドバイスしたりすることもできるようになります。

　実際に，今回の学習では，録画機能を活用した相互評価の活動を行ったことで，ALTとやり取りをする場面において，より自信をもって，適切な英語表現を駆使して自らのオリジナルカレーを紹介することができていました。

　また，授業者にとっても，授業支援ソフトを使って録画データを送付させておくことで，授業後に子供のやり取りの様子を視聴しながら評価を行うこともできます。

（石井　雄二）

30 きまりを守るのは何のため？
～C規則の尊重～「星野君の二るい打」
ICTの活用による授業と家庭学習をつなぐ取組

 ## 活用のねらいと特徴

(1) 本時のねらいと子供の実態

　本時は，きまりを守ることは集団や社会の安全や安心した生活を送ることにつながることに気付き，自分に課せられた義務を考え，進んで約束やきまりを守ろうとする道徳的実践意欲を育てることをねらいとしました。

　本学級の子供の実態を把握するために行った事前調査の結果，全員が「きまりは大切だ」と感じているものの，「きまりを破ったことがある」子供が7割近くいることが明らかになりました。また，「きまりを破ったことはない」と回答した子供のほとんどが，「きまりだから」「怒られるから」という他律的な理由であったことから，きまりを守るのは誰のためなのか話し合うことを通して，自らの義務を果たすことの大切さについて考えさせたいと考えました。

(2) ICTの活用のポイント

　本学級の子供は学力の格差が大きいため，授業中自分の考えをもつことができず，全く発言できない子供も一定数見られます。また，子供が授業中に学習内容を理解できず困っていても，そのつまずきを教師1人で把握したり，個に応じて対応したりすることは難しいのが現状です。そこで本校では自分の考えをまとめることが苦手な子供や，書くことが苦手な子供でも，楽しく主体的に学習に参加できるようにするために，授業と家庭学習をつなぐ取組（本校では「ジョイ☆スタ」と呼んでいます）を行っています。

　本時のジョイ☆スタにおけるICT活用の意図や目的は次の通りです。

予習（家庭学習）	子供が新しい知識について，動画で確認する。 教師がアンケート等により，子供の実態把握をする。
本時（授業）	子供の考えを電子黒板で共有する。
復習（家庭学習）	子供が板書の写真を見ながら自分のペースで振り返りを書く。 自分の考えを，学級の友達とクラウド上で共有する。

実践の具体例

　昨年度の実践で，野球のルールを知らない子供に対し，「バント」の意味を理解させることに時間がかかったことから，今年度は事前に宿題として家庭で動画を見ることで「バント」の意味を理解することができるよう，Google Classroom のストリーム内に動画のリンクを貼り付けました。この取組の結果，全員が「バント」の意味を理解し，スムーズに話し合いに入ることができました。

Google Classroom に掲載した宿題の内容

　Google フォームで回答させた，「自分が星野君ならどうするか」についての結果を電子黒板で提示しました。子供たちは，「無視する」を選んでいる人が想像以上に多いことに驚いている様子でした。また，「指示を守る」を選んだ理由について，「チームのため」「自分のため」の2種類に分けられることに，話し合いを通して気付くことができました。

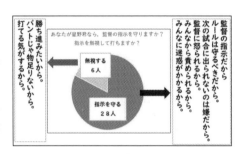

Google フォームの結果をスライドにしたもの

　授業後，板書の写真を Google Classroom のストリームに掲載し，それを見ながら家庭で振り返りを書かせました。振り返りを家庭で書かせるようにしたことで，授業では話し合いの時間をしっかりもつことができたとともに，子供が時間を気にすることなく，自分のペースで振り返りを書くことができました。また，書いた振り返りは自分のタブレットで撮影し，Google スライドに貼り付け共有できるようにしたことで，自分以外の考えに触れ，より多面的・多角的な見方や考え方を広げることができました。

　私はこのお話を初めて読んだとき，絶対星野君のようなことはせず，監督の指示を守ると思っていました。そして監督のこと（星野君を次の試合に出さないこと）が理解できませんでした。でも授業を受けてみると，そのときはいいと思っていても，その後，ルールを破るメンバーが増えて未来が大変なことになるとわかりました。そして最初，自分は星野君のようなことをやってないと思っていたけど，いつの間にか無自覚でやっていることに気付きました。私が確実にきまりを守れるようになることは難しいと思いますが，OくんやMさんの言っていたように，身の回りの安全が確保できて，社会の乱れが起きないような社会にできるよう，まず今日の（学級で毎朝決めている）めあてから達成できるように頑張りたいです。

子供が家庭で書いた振り返り

※本実践で取り上げた教材「星野君の二るい打」は令和2〜5年までの教科書の内容です。
【参考動画】
・【地味だけど】源田壮亮『犠打成功率100%』【それがいい】https://www.youtube.com/watch?v=R-40n8b_PMI

（田川　恵子）

31 命のかがやき〜生命の尊さ〜「命を見つめて」

アンケート機能の活用や意見の共有

 活用のねらいと特徴

(1) 授業のねらい

　本授業では，教材「命を見つめて」『新・みんなの道徳』（学研教育）の主人公，猿渡瞳さんの「生きていることは幸せである」の言葉に触れることで，「生きている」という当たり前を見つめ直し，「生きる」大切さを感じることをねらいとしました。具体的には，普段何気なく使っている「死ね」という言葉に嫌悪感を少しでももってほしい，「死にたい」と安易に使わない，思わないでほしい，当たり前は当たり前ではなく，幸せなことだと気付いてほしい，ことをねらって授業を構想しました。そのために端末をどのように活用したのかについて，以下に記していきます。

(2) 端末の活用方法

① Googleフォームの活用

　導入と終盤にGoogleフォームを使ってアンケート。結果を即時に確認できるよさ，結果を比較できるよさがあります。

② Jamboardの活用

　中盤で中心発問についての考えをJamboardに自由に記述させました。さまざまな意見をみんなで確認できるよさ，友達の意見を参考に考えを広げたり深めたりできるよさがあります。

③ Google Classroomのストリーム

　最後に授業の感想を投稿し，投稿された友達の感想を読んだり，それに対してコメントを書いたりします。端末の活用により，友達がどんな感想を書いたのか知らない，教師だけが子供の感想を知る，早く書き終わった子供がやることがない，が解消されます。

 実践の具体例

導入：「本当の幸せとは，今，生きているということである」について考える

　Googleフォームで「そう思う／あまりそう思わない」で回答をさせ，即時に結果を確認します。

展開１：瞳さんの思いを考える

・自分ならば「病気のことを知りたいか？」　・瞳さんはなぜ頑張れるのか，なぜ病気とたたかえるのだろうか？　・もし自分だったら頑張れるだろうか？

　以上の問いをもとに，子供とやり取りをし，生きることへの希望，闘病の大変さなどを受け止めていきました。

展開２：「本当の幸せとは，今，生きているということ」という言葉をどう思いますか？

　「共感する／少し共感しない」を基準にJamboard に書き込みをさせました（写真１）。

　「共感する」の意見が多かったため「生きてさえいれば幸せなのか，闘病の大変さがあるのに幸せなのか」と問い返し，普段「死ね！」という言葉が使われている現状を伝え，「死ね！」の意味を問いかけました。子供の考えを受け止めつつ，瞳さんの思いを感じ取らせ，改めて「瞳さんが伝えたいことは何だろう」と問いました。

まとめ１：授業はじめの問いに戻り，自分の考えの変化について考える

　導入同様，Google フォームで回答させました。問いの回答が同じでも，変わっても，考えの深さが増せばよいことを伝えました。

まとめ２：教師の話を聞き，感想を書く

　教え子の死を通して，当たり前は当たり前ではなく幸せなこと，生きていたくても生きていられない人がいることを伝えました。感想を書き終えた後投稿し，友達の感想にコメントを記しました（写真２）。そうすることで，感想を共有でき，自分と同じ，違った考えに触れることができていました。

写真１　Jamboard で子供の考えを確認

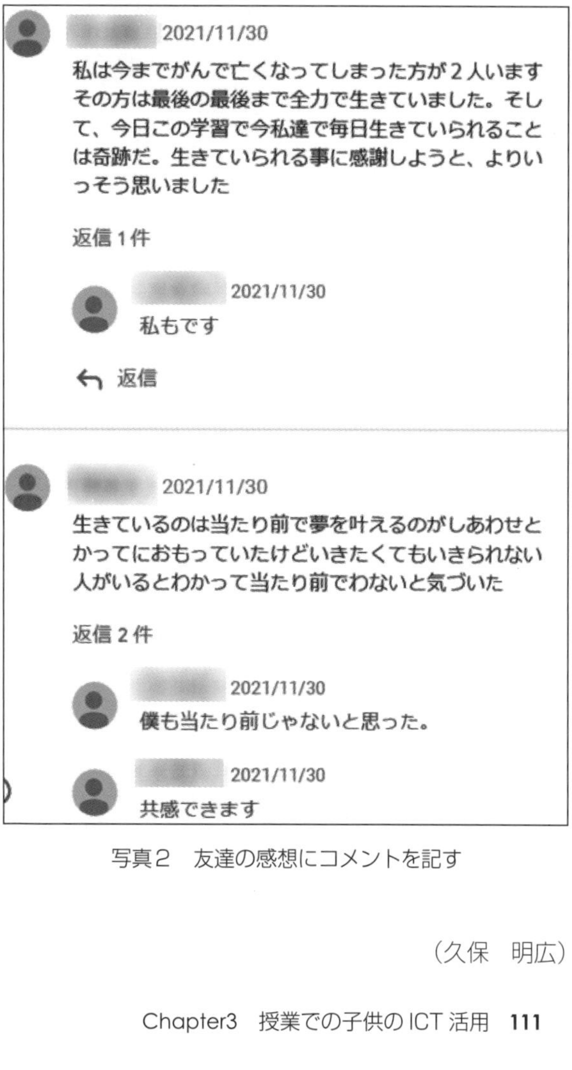

2021/11/30

私は今までにがんで亡くなってしまった方が２人いますその方は最後の最後まで全力で生きていました。そして，今日この学習で今私達で毎日生きていられることは奇跡だ。生きていられる事に感謝しようと，よりいっそう思いました

返信１件

2021/11/30

私もです

↩ 返信

2021/11/30

生きているのは当たり前で夢を叶えるのがしあわせとかってにおもっていたけどいきたくてもいきられない人がいるとわかって当たり前でわないと気づいた

返信２件

2021/11/30

僕も当たり前じゃないと思った。

2021/11/30

共感できます

写真２　友達の感想にコメントを記す

（久保　明広）

32 誠実な心で〜Ａ正直，誠実〜「手品師」
意見の共有で思考の広がりや深まりを確認

 ## 活用のねらいと特徴

(1) 本時のねらいと子供の実態

　本時は，手品師の葛藤する気持ちや，男の子と約束を守ることを選んだ理由を考えることを通して，自分自身に誠実に生きることの大切さに気付き，誠実に明るく生きていこうとする心情をもたせることをねらいとしました。

　本学級の子供の実態を把握するために行った事前調査の結果，うそやごまかしはよくないことであると感じているものの，全員が「うそをついたりごまかしたりしたことがある」と回答しました。また，主な理由として，「相手に怒られないようにするため」「相手からよく見られたいため」という内容のものが多く，「自分のため」にうそやごまかしをしている傾向にあることがわかりました。さらに，「うそやごまかしをせず，正直に生活してよかったと思ったことはあるか」の問いに対して，「ない」「わからない」と回答した子供が半数近くいたことから，誠実に生きることの意味や大切さについて，教材文の主人公の生き方を通して考えさせる必要があると考えました。

(2) ICT の活用のポイント

　本教材はクローズエンドではありますが，モラルジレンマ的な傾向が強い内容であると考えます。つまり，「男の子との約束を守る」「大劇場へ行く」の葛藤場面では，どちらを選ぶかを選択させるだけでなく，話し合いの中で，理由付けの道徳的価値レベルを上げることが重要であると考えます。例えば，「男の子との約束を守る」を選択しても，その理由が「男の子に怒られるから」であれば，道徳的価値レベルは低いといえます。一方，「大劇場に行く」を選択しても，その理由が「たくさんの人を笑顔にすることが手品師としての役割だから」と答えれば，道徳的価値レベルは高いといえます。

　そこで今回は ICT を活用し，学習前と学習後に子供がどちらを選択したのか，また，なぜそれを選んだのかについてクラウド上で共有できるようにすることで，子供の考えが広がったり深まったりできるようにするとともに，教師が指導や評価に活かせるようにしました。

実践の具体例

授業の2日前に，①男の子のところに行った手品師の判断は正しと思うか，理由とともに考える，② Jamboard に，「正しい」なら黄色の付箋に，「正しくない」なら青の付箋に理由を入力する，という宿題（本校では，授業と家庭学習をつなぐ学習をジョイ☆スタと呼んでいます）を出しました。普段，自分の考えをもつことが難しい子供も，クラウド上で友達の意見を見ることで，自分の考えをもつことができていました。結果，24人中20人が「手品師の判断は正しい」を選んでいましたが，理由を読むと，ねらいとする道徳的価値に迫るものもあれば，そうでないものもありました。子供の考えを事前に把握でき，授業準備を行うことができるのは，ICT 活用の大きなメリットの1つだと感じました。

授業の展開中盤に，「あなたが手品師なら，男の子のところに行くか，大劇場に行くか」と発問しました。より多様な意見を出させることでさまざまな考えに触れることができるよう，事前に把握した内容をもとに意図的指名を行いました。意見を交流後，再度，自分の考えをJamboard に入力させました。授業後，子供の記述から道徳性に係る成長の様子を見取り，評価に活かしました。

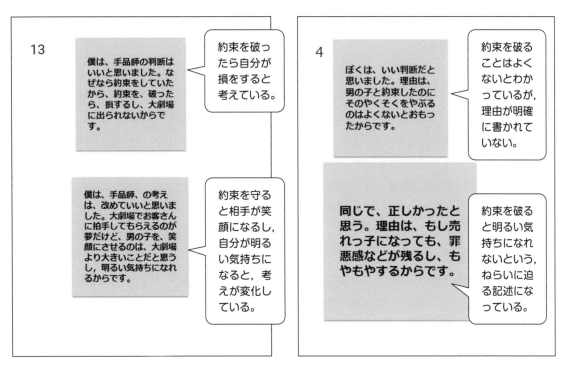

上段：事前に入力したもの　下段：交流後に入力したもの

（田川　恵子）

33 卒業タイムカプセルプロジェクト
8年後の「あなた」へ送る「わたし」のメッセージ動画

活用のねらいと特徴

(1) 本単元の概要

多くの学校では，6年生の学年末に「卒業タイムカプセル」を埋める（保管する）学習を行います。皆様も経験があるのではないでしょうか。子供たちは手紙を書いたりアルバムを作ったりしてタイムカプセルに入れます。12歳の自分が何を考え，何に熱中し，何に悩み，どのように未来に思いをはせていたかを伝え，未来の自分に懐かしさや元気を送る，時空を超えた素敵な学習になります。国語科の「話すこと・聞くこと」の学習と関係付けながら，私の学校では「メッセージ動画」を撮影し，タイムカプセルに入れるプロジェクトに取り組みました。

(2) ICT活用のねらい

① 自分の変容を捉える

物心ついたときから，ネットの動画投稿サイトに触れている子供たちですが，いざ，試しの撮影に取り組んでみると，「メッセージの構成をどうすればよいのか」「どのような伝え方をすればよいのか」という課題が明確になっていきました。互いの動画について助言し合ったり，教師のモデル動画を評価したりする学習を通して，よりよいメッセージ動画の「構成」と「伝え方」を見いだしていきます。そして，本番の撮影を無事に終えていきました。単元の最後に，この試しの撮影と本番の撮影を比較することで，子供たちが「よりよい動画メッセージをつくることができた」という大きな上達感や達成感を味わうことにつながりました。

② 毎日の動画撮影

メッセージ動画の撮影に向けて学習を進める中で，子供たちはタブレットの録画機能を活用して，毎回「振り返り動画」を撮影・記録していきました。「振り返り動画」とは，その時間の学びを自分の言葉で語り，次の時間の自分へ伝える動画です。「今日は，先生のモデル動画をみんなで評価する学習を行いました。その中で，動画を送る『目的』と『伝え方』が合っているかどうかを吟味することが大事だとわかりました。なので，次は私の動画をもっと……」というように子供たちは語ります。この毎回の「振り返り動画」の撮影は，①毎回の学びを自分の言葉でつなげる，②動画を撮影することに慣れるという2つの効果がありました。

実践の具体例

児童アヤ（仮名，以下同じ）の実際の動画は以下のとおりです。

単元最初の試しの撮影		8年後のうちは，どんな仕事を目指して，どんな大学に入ってますか？ 　今のうちは…他県とか県外の大学で，県外の大学に入って，県外で仕事したいなって思ってますけど，将来の夢はパイロットか医者で，でも，県外の大学に入るの難しいし，どっちも，なるは，すごいむずい…難しい職業なんで，まあ，なってないと思うんですけど，それに近い仕事だったり，あと，人の役に立つとか，人を喜ばせる仕事ができてるといいと思います。

単元最後の本番の撮影

（手をふりながら）こんにちは。令和4年11月16日のアヤです。元気にしていますか？

突然ですが，ここでクイズを出したいと思います。（クイズを書いた画用紙を提示する）クイズ1，私がこの中で一番好きなことは何でしょう？①漫画を読むこと，②ゲーム，③絵を描くこと…です。では，3秒考えてください。3，2，1。はい，正解は①の漫画を読むことです（好きな漫画の実物を提示する）。今，一番好きなのはこれです。覚えていますか？では，次のクイズです。（友達を1人登場させる）この友達の名前は何でしょう？　①○○さん，②□□さん，③△△さん。また，3秒考えてください。3，2，1。はい，正解は①の○○さんでした。○○さん，ありがとうございました。（友達が退場する）

それでは，あの，本題で，自分が今まで生きてきた中で，今自分がしたいと思っている生き方について語りたいと思います。（目指す生き方が書かれている画用紙を提示する）

「①好きなことを大切にする生き方」と「②できないことは自分のペースで少しずつ伸ばしていく生き方」です。①の生き方のきっかけとなったのは，幼稚園のときです。絵を描くことが好きだったんですけど，幼稚園の先生がすごいほめてくれて，小さいことなんですけど，それがすごく嬉しくて，今も絵を描くのが好きです。仕事に生かすとかは難しいんですけど，大事に続けていきたいと思います。②番の生き方というのは，4年のときに，担任の先生に水泳が苦手なことを相談したら，「できることからやっていけばいいよ」っていってくれて，それがすごく励みになりました。急に無理して上を目指すより，少しずつ自分のペースで伸ばしていくことが大事だと思うようになりました。

最後に，将来の自分に…大学とかで大変だし悩み事とか多いと思うんですけど。今の私はパイロットを目指していますが，あなたがどんなことを目指していても頑張って努力していてほしいと思います。バイバイ。（手をふる）

　2つの動画を比較すると，メッセージの量や構成に大きな変容があることがわかります。また，伝え方についても，実物を提示させたり友達を登場させたりするなどの工夫が見られます。この単元では，自分で繰り返し動画を撮影したり見返したり，友達と助言し合ったりするなど，主体的な子供の姿が見られ，ICT活用の大きな効果を実感しました。　　　　　　（原之園　翔吾）

34 動画日記で宝物を紹介しよう
動画の撮影と共有による家庭学習への意欲向上

 活用のねらいと特徴

(1) 活動の概要

　全国の多くの学校で ICT 端末の「持ち帰り」が当たり前になってきています。学校から家に帰り，ランドセルからタブレット端末を取り出し，明日の時間割や家庭学習の内容，担任からの連絡事項を確認するといった光景が日常になってきました。ICT 端末の「持ち帰り」が当たり前になったことは，「家庭学習」の可能性を大きく広げます。本項では，「課題帳に日記を書く」のではなく，ICT 端末を活用して，「話したいことを動画に撮影する」動画日記に取り組んだことを紹介します。

(2) ICT 活用のねらい

① 子供たちの「やりたい」を喚起する

　「毎日，日記に何を書いていいかわからない」「書くことがない」「書くのが面倒だ」

　このように悩む子供たちは少なくありません。「取り組みたい」という思いをもって取り組む姿を実現する責任が，教師にはあります。

　担任する小学校6年生の子供たちと，自分の宝物を友達に紹介する動画日記に取り組みました。そもそも，まず，子供たちにとって，ICT 端末で「動画を撮影する」という活動そのものが「やってみたい」と思わせる魅力的な家庭学習になりました。また，ICT 端末を活用することで，学校に持っていくことができない家の中にある宝物を紹介することが可能となります。実際に，子供たちが紹介したものは，大会で勝ち取ったトロフィー，いつも使っているソファー，飼っているペットのねこ，大好きなゲームや漫画，自慢の弟などでした。

② 共有することで「相手・目的意識」が生まれる

　撮影した動画日記のデータは教師に提出されるとともに，子供たちと共有されていきます。子供たちは，それぞれ自分のタブレット端末で見たい友達の動画日記を選択し，視聴し，感想を交流します。ICT 端末を活用して共有を行うことは，動画日記を撮影する際に，子供たちに「クラスの友達」に，「家にある宝物のよさを伝える」という相手・目的意識をもたせ，家庭学習に取り組む意欲を喚起することになりました。

実践の具体例

　動画日記を互いに「共有」したときの実際の様子を示します。

T　（提出された動画を一覧でスクリーンに示す）どうしますか？

C　共有！　見たい！

T　そうね！　お互い見ましょうって話でしたもんね！　では，いきますよ。

　　（子供がお互いの動画を見られるように「共有」を許可するよう操作する）

> 　教室や廊下，階段など，好きな場所に移動し，複数の友達の動画日記を視聴する子供
> たち。どの子供も夢中になって友達の動画日記を視聴します。

T　どうでした？　みんなでちょっと感想を交流しておきましょうかね。

C1　発表します。あの，レイくん（仮名，以下同じ）の動画？　あっ，動画日記を見たんです
　　けど，ちょっと内容と関係ないんですけど，レイくんの後ろの，後ろに映っている机？　机
　　の上とか，部屋の中が，本当に，とてもきれいで…。その，逆に，ぼくの部屋は，今，あの，
　　大変なことになっているので…（笑いをこらえきれない様子）。

T　やばい？　ちらかってる？

C1　そう…なので，レイくんが本当にすごいなって。きれい好きだったんだって！　初めて知
　　って。

T　新たな気付きがあったのね！　だってよ，レイくん。……あれ？　照れてる？

　下線部にあるように，動画日記の共有は，互いの新たな一面に気付く契機となりました。特別活動の大きな目標の１つは，よりよい人間関係の形成，よりよい集団の形成にあります。ICT を活用した動画日記だからこそ，普段とは異なる家庭での一面を，学校・学級に持ち込むことが可能となりました。他にも「あっ，私もその漫画，全巻持ってる」というように，動画日記を共有することで友達との共通点を発見する子供が多くいました。このような発見が，子供同士の新たなつながりを生み出します。

　さて，今回紹介した実践は６年生のものでしたが，右の写真のように動画日記の取組は，低学年でも十分可能となります。写真の子供は２年生です。宝物である２つのぬいぐるみを紹介しています。

　「宝物を紹介する」「家の中のお気に入りの場所を紹介する」「休日の過ごし方を紹介する」など，子供たちが取り組みたいと思う魅力的な課題を設定することが肝要となります。

（原之園　翔吾）

理論編

実践編

Chapter
4

幼児教育・保育での ICT 活用

1 折り紙製作「ハロウィン」を作ろう

タブレット端末に保存した画像によるイメージ共有と製作工程の録画

活用のねらいと特徴

(1) 保育のねらい

・ハロウィンについて知り，自分の作りたいものを選んで作る。

・作ったものを友達と共有することで，達成感を味わう。

(2) タブレット端末を活用するねらい

・子供がハロウィンについて興味関心がもてるよう，事前にタブレット端末に，「おばけ」「カボチャ」「コウモリ」の画像を取り込み，フォルダに入れておくことで，自分で調べたいものを自分のタイミングで探し調べることができ，画像を見ることでイメージが高められるようにする。

・「おばけ」「カボチャ」「コウモリ」の折り紙の製作工程を，タブレット端末にファイル化しておくことで，主体的に自ら選び作ることができる。

・製作工程を録画することで，子供自身が理解できないところを，繰り返し見ながら製作することができる。

実践の具体例

(1) 導入　前回の振り返りをする

　ハロウィンへの興味関心を高められるように，絵本を準備して読みます。

T　ハロウィンについてわかったことがありますか？

C　おばけが出てきたね。／おばけカボチャがいたね。／コウモリが出てきたね。

T　今日は，折り紙を使ってハロウィンの絵本に出てきたものを折りたいと思って準備をしました。

C　コウモリが折りたい。／おばけを折りたい。

T　タブレットにおばけ，コウモリ，カボチャの作り方の動画を入

タブレット端末で折りたい作品を選ぶ様子

れてあるので，自分の折りたいものを折りたいだけ折ってもよいです。

C　ヤッター。たくさん折ろう！

(2)　展開　それぞれのグループで折り紙製作をする

　各グループの机に１台ずつタブレット端末を準備します。グループの友達と話し合いの中で，自分の折りたいものを伝えたり，友達の折りたいものを聞いたりしながら，気持ちの折り合いをつけます。画用紙に自分で作った折り紙を貼り，クレヨンでハロウィンのイメージを描きます。

C　ぼくは，コウモリを作りたい。／私は，カボチャを作りたい。

C　○○ちゃんが折ってからでいいよ。ありがとう。

C　カボチャもコウモリも折りたい。

T　いいよ。自分で折りたいものをいくつでも折ってよいよ。

T　折ったものは，この画用紙に貼ってね。あとでみんなに見
　せようね。

自分で選んだ作品を折る様子

(3)　終末　発表する

　完成した折り紙製作「ハロウィン」を発表します。

C　カボチャを作りました。／ハロウィンのおばけを作りました。

T　自分で作りたいものを作ることができましたか？　明日の朝の
　時間にもタブレットを置いておくので，作りたいお友達は作って
　くださいね。

自分の言葉で友達に伝える様子

(4)　まとめ

　幼稚園では，毎月，季節にちなんだ折り紙を作成します。タブレット端末を活用する以前は，１つの題材を一斉指導の下，行っていましたが，タブレット端末に製作工程を録画することで，一斉指導ではなく，子供が自分の折りたいタイミングで折ることができます。また，１つの題材だけでなく，複数の題材を折ったりすることができます。

　タブレット端末に，イメージ動画や写真をファイル化することは，子供が題材のイメージを高めたり，主体的に写真を見たり調べたりするようになります。また，タブレット端末をグループに１台ずつ配置することは，友達へ自分の気持ちを伝えたり，友達の思いに気付いたりすることが必要となり，気持ちの折り合いをつけることができるようになります。保育内容の設定では，年齢に応じた発達段階をふまえながらクラスや子供の実態に応じて，準備をしていくことが大切だと考えます。　　　（新留　明子）

自分の言葉で友達に伝える様子

2 おにもびっくり!? わたしのパンツ
作品の画像共有でイメージの育成

 活用のねらいと特徴

(1) ねらい

　自分だけの「おにのパンツ製作」をすることで，多くの素材や用具を使い，表現できる幅が更に広がる楽しさを感じられる活動です。また，友達の表現方法を知ることで，自分の作品へ取り入れ "自分もやってみたらできた！" と達成感を味わうことができます。

　ねらいは以下の2点です。

・材料の特徴や，用具の特性を活かしながら，自由に表現する楽しさを味わう。

・おにのパンツ製作を通して，節分や豆まきに興味・関心をもつ。

(2) 特徴

　本園には年長組の3クラスにそれぞれ1台ずつタブレット端末があり，基本的には担任が管理をしています。子供たちに指示を出したり，保育活動を振り返ったりするときの手段として使い，環境構成の1つとして子供たちが操作できるように活用しています。

　この活動の中では，以下の3点でタブレット端末を使うことで，活動の充実につなげています。

・事前にタブレット端末で撮影しておいた他クラスの作品をテレビ画面に映し，作品に使用した素材・用具を参考にして子供たち自身で考えられるようにする。

・製作中に工夫した作品を保育者がタブレット端末で撮影し，テレビ画面で共有することでイメージを膨らませることができるようにする。

・子供たちが自由に触れるタブレット端末を準備する。画面をタップすることで事前に撮影しておいた他クラスのおにのパンツの写真を自由に見ることができるようにする。

 実践の具体例

(1) 活動の流れ

① おにのパンツへの興味・関心

② 他クラスの作品の参照

③　おにのパンツ製作

④　自分の作品紹介

　①節分や豆まき，おにの話を聞き，おにのパンツに興味・関心をもちます。また，事前に作っておいた保育者のおにのパンツを見て工夫した点などを聞くことで，おにのパンツ製作のイメージを膨らませていきます。

　②事前にタブレットで撮影した他クラスの作品をテレビ画面を通して参考にし，使用した素材や用具を選択し，イメージしていきます（はぎれ・フェルト・マジック・のり・ボンド・テープ類など）。

　③おにのパンツの土台となる不織布の黄色いズボンを1人1枚受け取り，それぞれが製作を始めていきます（ズボンの丈をはさみで好きな長さに切る・素材を選ぶ・試行錯誤しながら素材をズボンに張り付ける・タブレットを操作して他クラスの作品を参考にする）。

素材用具を選ぶ

おにのパンツを製作中

クラス全体で作品を共有

他クラスの作品を視聴

④保育活動の振り返りとして，本日の活動でタブレット撮影した作品をテレビ画面に映し出し，みんなで見ていきます。自分の作品の工夫した点やお気に入りのポイントなどを発表します。発表する子供の発言に合わせて保育者が画像を拡大することでより全体に伝わりやすくなります。

　自分の作品が画面上に映し出され，みんなと共有できることで達成感や満足感につながっていきます。また，友達の作品を見ることで，刺激を受け，素材や用具のさまざまな使い方があることに気付き，次回の作品づくりへの意欲につながっていきます。

(2)　まとめ

　おにのパンツが完成し，満足感でいっぱいの子供もいれば，「まだやりたい！」と，その後数日かけてじっくり仕上げる子供もいます。その日だけでなく，引き続き，タブレット端末を通して友達の作品を自由に見ることができる環境構成を準備しておくことで，その後も一人一人のペースで作品づくりを展開していくことが可能になります。

　そして，節分の日には子供たち一人一人が自慢のおにのパンツを履いて，勢いよくおにに向かって豆を投げる姿につながっていきます。

　このようにタブレット端末を有効活用することで，「材料の特徴や，用具の特性を活かしながら，自由に表現する楽しさを味わう」「おにのパンツ製作を通して，節分や豆まきに興味・関心をもつ」というねらいを達成することができます。

（木嶋　麻友美）

完成した作品

作品を身に付けてみる

幼稚園
年長児

3 知育ロボットを使って遊ぼう
遊びながらプログラミング的思考を体験

 活用のねらいと特徴

(1) 保育のねらい

・友達と一緒に課題解決に主体的に参加し，自分の考えを伝えたり，相手の考えを聞いたりしながら試行錯誤し課題解決をする。

・グループの友達と対話をしながら課題を解決する。

・タブレット端末を使って写真を撮り，写真をもとに発表する。

(2) 知育ロボット「アリロ」を活用するねらい

遊びながらプログラミング的思考を体験させたいと考え，知育ロボット「アリロ」を使った保育を行います。「アリロ」の動くコースをグループで考え，完成したコースをタブレット端末で撮影し，その写真を使って友達に発表するという内容です。グループ内で自らの意見を発表したり，友達の意見を聞いたりする中で，相手意識を高めたり，グループで考え完成したコースを友達に伝える体験を通して，情報活用能力の基礎を育てることにつながると考えます。

(3) 情報活用能力育成のねらい

子供同士の伝え合う場や協働する場を設定することで，園児の情報活用能力（発表や聞く態度など）の育成につなげます。

 実践の具体例

(1) 導入 これまでの活動を振り返る

前回の活動「先生ロボットを動かして遊ぼう」について振り返り，どのような内容だったか子供と一緒に振り返ります。

指導上の留意事項

・活動を振り返る中で，パネルの意味を思い出し，パネルを組み合わせることでロボットが動くことを確認する。

〈パネル〉スタート・右折・左折・直進・ダンス・ゴール（計6枚）

T　先生ロボットを動かすには，何が必要だったかな？

C　先生ロボットは，パネルがないと動かなかったよ。

T　そうだったよね。先生ロボットは，いろいろなパネルの絵を組み合わせてコースを作らないと動かなかったよね。どんなパネルがあったかな？

C　スタートパネルや矢印のあるパネルがあったよ。ダンスを踊るパネルや，ゴールパネルもあったよ。

T　今回は，先生ロボットの代わりに，「アリロ」を使って遊びたいと思います。アリロは，先生ロボットと一緒で，組み合わせたパネルの上を動くロボットです。

友達と考えたコースでアリロを動かす様子

課題の提示
縮小パネルを準備する。
スタート・右折・左折・ダンス・ゴールなどいろんなパネルを準備する。

T　今回のミッションは，パネルを6枚使って，アリロをゴールさせましょう。縮小パネルを準備しているので，はじめは，縮小パネルで考えてみましょう。

T　必ず使うパネルは，スタートとゴールです。あとの4枚はどのパネルを使ってもよいですが，アリロをゴールするためには，どのパネルが必要か，グループのお友達と考えて決めてみましょう。

T　アリロを動かして遊ぶときの約束は何でしょう。

C　大切に使うこと。友達と一緒に使うこと。

T　それでは，時計の長い針が〇になったら発表の時間にしますので，みんなで考えてみましょう。

(2)　**展開　ミッションを確認し，グループごとに話し合って考える**

〈ミッション〉「パネルを6枚使って，ゴールを目指しましょう」
〇縮小パネルを使って考えてみよう。

指導上の留意事項

・友達同士で意見を出し合う姿を見守りながら，グループの友達と一緒に取り組めるように働きかけるようにする。

・話し合いが難しいグループがあった際は，ヒントとなるような言葉かけをしたり，個人の考えを引き出したりしながら，グループの友達と意見を出し合って共有するきっかけをつくり，友達と一緒に考えながら取り組むことができるようにする。

・考えがまとまらないグループがあったときには，互いに意見を言ったり聞いたりできるように仲介し，グループの考えがまとまる方法を一緒に考え，グループで納得して取り組めるようにする。

C　青のカードはこっちに進むよ。アリロの右はこっちだから，こっちのカードがよいんじゃない？

C　次のカードは○○がよいよ。このコースだとゴールできないと思う。

T　やってみたらどう？　また考えてみて。

○実際のパネルを使って，アリロを動かして遊んでみよう。

指導上の留意事項

・縮小パネルを見ながらカードの指示を出す役割と，実際のパネルを組み合わせる役割に分かれて協力できるように言葉かけをする。

・実際のパネルを組み合わせる過程で，縮小パネルと違う箇所がないか確認する。

C　次は○○のカード，その次は○○のカードだよ。

C　「ここが違うよ」「向きが違うからわからなくなるよ」「だから向きをそろえよう」

C　「これじゃ，ゴールできないよ」「どうしてゴールできないのかな」

T　もういちど，やりなおしてみて。カードの意味をみんなで確認してみたらどうかな。

C　「このカードを変えてみよう」「それじゃあ，このパネルを交換したらよいかもね」

友達と伝え合う様子

T　コースができたら，グループで発表するコースを選んで，タブレットで撮影してね。

C　「僕が撮影する」「私がする」「僕は先に撮ったから，次は，○○ちゃん撮ってよいよ」「順
　　番を決めて撮ろう」

T　撮影が終わったら，パネルとアリロを置いてディスプレイの前に集まりましょう。

(3)　終末　発表する

指導上の留意点

・撮影した写真をディスプレイに映し，クラス全員で共有できるようにする。

・グループの思いや考えを，自分たちなりの言葉で伝えられるように働きかけ，見守る。

・聞き手側の子供たちには，友達の発表に，疑問に思ったことを質問したり，聞く態度
を意識したりできるようにする。

C　私たちは，こんなコースを作りました。質問はありますか。

C　どこが難しかったですか？

T　他に発表してくれるグループは手を挙げてください。

T　今日のミッションはどうでしたか？

C　「楽しかった」「難しかった」「また遊びたい」

T　次はどんなミッションがあるのか，楽しみにしていてね。

(4)　まとめ

　アリロを使った保育では，グループ活動を用
いることで，自分の考えだけではなく，友達の
意見に耳を傾ける姿が見られます。友達同士の
意見交換の場では，意見がぶつかり，グループ
としてなかなかまとまらない場面も見られます
が，アリロの活動の回数が増えていくと，自分
の考えに折り合いをつけたり，友達の意見に納
得したりする様子が増えていきます。タブレッ
ト端末を活用しての発表では，撮影方法で意見

頑張りや工夫を発表する様子

の食い違いや，トラブルになることもありますが，経験が増えるにつれ，解決する姿に変わっ
ていきます。知育ロボット「アリロ」の活動は，主体的に自分の考えを活かしたり，友達との
対話を通してやり取りをしたりすることで，自らの考えを広げ，気付きや工夫する体験を得る
ことができると考えます。

(新留　明子)

4 しょうがくせいとつくろう！ひらがなひょう
交流を通したタブレットの活用

☁ 活用のねらいと特徴

(1) ねらい

　小学1年生（以下1年生）のタブレット端末を一緒に使い，「ひらがな表」を作る活動です。年長児と1年生がペアになり，担当する自分たちのひらがなに対応する物を探し，それを1年生の持っているタブレットで一緒に撮影します。撮影した写真を印刷し，すべてのペアの写真を五十音順に掲示すると「ひらがな表」が完成する活動です。

　ねらいは以下の2点です。

・小学1年生とふれあい，入学への期待を高める。

・文字や身近な物・自然に関心をもつ。

(2) 特徴

　本園では，幼保小連携に力を入れており，架け橋期カリキュラムをもとに，年間を通してさまざまな活動を園小合同で行っています。小学校入学を控えた年長児が対象となるこの活動では，上記に示したねらいを達成するために，小学生が日頃の学校生活で使用しているタブレット端末を年長児も一緒に使用しました。保育にICTの活用を取り入れることで，ねらいを達成するだけでなく，新たな経験ができるとともに，年長児と小学1年生との関わりが生まれ，幼保小の連携がよりよいものとなります。

☁ 実践の具体例

(1) 活動の流れ

① ブレイクタイム

② 活動中の約束

③ ペアでひらがな探し

④ 写真選びとカードづくり

⑤ 発表と振り返り

ブレイクタイム

①実際に活動する前に，年長児と1年生がペアになります。久しぶりに会うため，年長児の緊張をほぐす目的で，一緒に体を動かしてゲーム等をします。そうすることで，この後のペアでの活動がスムーズにできることにつながります。緊張がほぐれたところで，1年生が持参したタブレットを手元に置いて，自分たちが担当するひらがなの確認をします。

②年長児の担任が「シャッターは年長さんが押すこと」「仲良く活動すること」等，活動中の約束について説明をします。この際，活動中にも約束の確認ができるように，タブレットで1年生が事前に約束カードを撮影していたので，活動中に約束を確認するための一助となります。

撮影する様子

年長児　「だ」で始まるものって何があるかな？
1年生　そうだね。外に行って探してみよう。
年長児　見付からないね。
1年生　そうだね。だ，だ，だ…。
年長児　そうだ！　だいすきっていいんじゃないかな！
1年生　それいいね！
年長児　いいね！
1年生　でも，『だいすき』ってどうやって撮る？
年長児　2人で，ギューってしたらどうかな？　そして，それを友達に撮ってもらおう。

約束カードの写真

③保育室，廊下，園庭等，子供たちはペアで自分たちが担当しているひらがなで始まるものを探します。1年生のほとんどが本園の卒園生なので，どこに何があるか知っているため，年長児をリードしながら活動する姿が見られます。

このような関わりから，年長児は1年生に憧れを抱いたり，1年生が持っているタブレットに興味を示したりしながら活動ができます。「シャッターは年長さんが押す」という約束があることで，タブレット撮影を通して年長児と1年生の関わりが自然と生まれます。このように，小学生とアイデアを出し合い楽しみながら探す姿や，1つの対象物でも見る人に伝わるようにさまざまな角度から撮影してみようとする姿が見られます。また，小学生がタブレット

カードを書いている

トのタイマーを15分に設定しているので，担任が合図を出さなくても活動終了がそろい，全員が保育室に戻ってくることができました。

　④ペアで撮ってきた写真を見返しながら，ひらがな表に載せる写真を1枚選択し，選んだ写真は小学生がタブレットに「お気に入り」登録をします。そして，カード（紙）にマジックを使ってタブレットで撮影した写真の名前を書きます。ペアで意見を出し合うことで自分の思いを伝えたり，相手の思いを知ったりする，よい機会となります。また，対象物の名前を書くときは，1年生が鉛筆で下書きをして年長児に文字を教える姿が見られます。

　⑤ペアで選んだ1枚の写真を，みんなに紹介するためにテレビ画面に映し出します。この際に，ペアが担当したひらがなを言わずに，撮影した写真だけを見せて何を撮ったのか他の子供たちに考えてもらう等，クイズ形式にして披露する方法など，ICT機器を効果的に使用することもできます。

　このように，他のペアが撮影したデータを見て発表を聞くことで，物に名前があり，ひらがなで表すことができることに改めて気付くことができます。また，1年生になることやタブレットが使えることに憧れを抱きながら主体的に活動したことを振り返り，入学への期待を高めることにもつながります。

⑵　まとめ

　活動後，タブレットで撮影をした写真をプリントアウトし，名前カードと一緒に年長児のクラスの前に五十音順に掲示します。さらに，それを撮影したものをラミネートして，子供たちに配布します。

　GIGAスクール構想における1人1台端末のタブレットを効果的に活用することで，「小学1年生とふれあい，入学への期待を高める」「文字や身近な物・自然に関心をもつ」というねらいを達成することができます。

できあがったひらがな表

（木嶋　麻友美）

Chapter 5

情報教育・プログラミング教育でのICT活用

情報活用能力の育成

 ## 学習の基盤となる情報活用能力の育成

　Chapter 1 でもまとめたように，学習の基盤となる「情報活用能力の育成」を進めることが求められています。「情報活用能力」は，「学習活動において，必要に応じてコンピュータ等の情報手段を適切に用いて情報を得たり，情報を整理・比較したり，得られた情報をわかりやすく発信・伝達したり，必要に応じて保存・共有したりといったことができる力」とされています。それらの内容として，情報手段の基本的な操作の習得やプログラミング的思考，情報モラル・情報セキュリティ，データ活用や統計等に関する資質・能力等が含まれます（詳しくは，Chapter 1の20頁を参照）。

　学習の基盤となる資質・能力は，各教科等の目標を達成するための ICT 活用だけではなく，学習の基盤となる情報活用能力の育成を連動させながら，教育課程を進めていくことが重要だと考えられます。

 ## 探究的な学びと情報活用能力

　児童生徒の情報活用能力の育成において，探究的な学びのプロセスは欠かせません。探究的な学びは，総合的な学習の時間だけでなく，各教科等において横断的・総合的に進めていくことが必要であり，情報活用の場面を横断的に位置付けながら，児童生徒の探究的な学びを進めていくようにします。

　探究的な学びでは，学習過程が以下のプロセスをくり返しながら進めていきます。

　まず，【課題の設定】です。体験活動や予備調査などを通して，子供たちが自らテーマを見付けて課題を設定します。この際に，社会や生活に関連のあるテーマを考えるように助言し，本物の学びとなるような課題（真正の課題ともいう）を考えるように支援していきます。

　次に，【情報の収集】です。子供たちが自ら選んだ方法を用いて，必要となる情報を収集します。その際，正しい情報かどうか，発信元等について自ら確認するようにします。

　そして，【整理・分析】です。子供たちが自ら選んだ方法を用いて，図や表にまとめたり，思考ツールを用いて考えを整理したりして，調査の結果や自分の考察を視覚化して分析を進めます。

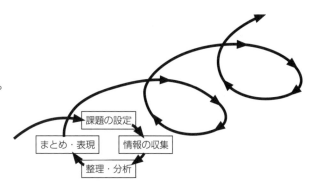

　最後に，【まとめ・表現】となります。ここでは，気付きや発見，自分の考えや提案したい内容をまとめ，自分の考えや提案内容を深めていきます。相手にわかりやすく伝える工夫を行い，表現したり発信したりしていきます。

【課題の設定】体験活動などを通して，課題を設定し課題意識をもつ

【情報の収集】必要な情報を取り出したり収集したりする

【整理・分析】収集した情報を整理したり分析したりして思考する

【まとめ・表現】気付きや発見，自分の考えをまとめ，判断・表現する

【課題の設定】	事前体験の記録・共有，オンラインでの情報共有，外部講師による遠隔講話
【情報の収集】	Web 検索，デジタル教材を用いた検索，動画配信サービスでの動画視聴　Web アンケートによる調査，撮影・記録，メールや SNS
【整理・分析】	表やグラフ等の図表化，共同編集，思考ツールによる整理，データの共有や分析
【まとめ・表現】	プレゼン，レポート，動画制作，プログラミング，Web 公開　協働での編集や制作

　これらの探究的な学びでの学習過程において，子供たちが ICT を学習ツールとして活用していきますから，その活用の形態も見ていくこととします。

　【課題の設定】では，事前体験を情報端末で撮影して記録したり，クラウド上で他と共有したりします。また，外部講師から学ぶこともありますので，Web 会議等の遠隔講話から課題

を見付けていくことも考えられます。

　【情報の収集】では，Web 上の情報をキーワード検索して，必要となる情報を収集していきます。また，動画配信サービスを用いて動画を視聴したり，Web アンケートを使ってアンケートを作成したりするなどが考えられます。さらに，専門家にメールを送信したり，SNS 上での書込から必要な情報を収集したりするなど，収集する手段は多様化していきます。

　最後に，【まとめ・表現】では，プレゼンテーションやレポートなど，まとめる方法を自分で選んで，学習した成果や課題，また外部に向けての提案をまとめて，積極的に発表したり発信したりしていきます。

プロジェクト型学習と STEAM 教育

　子供たちが自ら課題を設定して解決していく学習方法として，「プロジェクト型学習」と呼ばれる学習方法があります。プロジェクト型学習は，PBL（Project Based Learning）と略されて，課題解決型学習とも呼ばれています。プロジェクト型学習では，教科等の内容を横断的に捉えて，プロジェクトの目標達成のために周囲と協力しながら取り組んでいきます。学習のテーマや課題を 1 つの教科等の目標や内容に限定するのではなく，社会生活にもつながるテーマや課題を「真正の課題」として取り上げます。「真正の課題」とは，日常生活での問題場面を文脈にもつ課題のことで，子供たちが生活している中で気付いた解決したいと思う課題を指します。プロジェクト型学習では，探究的な学びを通して，実社会や実生活から課題を見いだし，問題を解決する学習で，子供が自分で方法を選んで，情報を集め，整理・分析して，まとめ表現する学習ともいえます。

　このように，社会生活にもつながるテーマを取り上げて，教科等の内容を横断的に捉える学びをプロジェクト型学習で進めますが，その課題解決を更に発展させていきます。その新たな価値を創造する学習に高めることを，「STEAM 教育」と呼んでいます。「STEAM」は，Science（科学），Technology（技術），Engineering（工学），Arts（芸術），Mathematics（数学）の頭文字です。STEAM 教育は，新たなテクノロジーを活用して，他と協力しながら，新たな価値を創造する学習に高めていくと期待されます。このことによって，探究的な学びから創造的な学びへと高まっていくと考えられます。

学校や地域全体で進める情報教育

　情報教育の推進は，１つの学級や学年が進めても十分な成果が見られず，学校や地域全体で進めていく必要があります。そのためには，どのようなことに気を付ければよいのか，そのポイントを整理してみます。

(1)　各教科等の年間指導計画の作成と見直し

　各教科等での年間指導計画を作成したり見直したりする際に，すべての教科等の指導の中に情報活用能力を育成する場面を位置付けるようにします。その際に，自校の児童生徒の情報活用能力やICT活用の実態を把握する必要があります。児童生徒向けのアンケート等によって，実態を把握するようにします。それらの実態に応じて，学校全体で各学年及び各教科等の年間指導計画等に，情報活用の場面を位置付けていきます。

(2)　教員間の情報共有

　各教科等に位置付けた年間指導計画等の作成や見直しでは，教員間で相互に確認し合うなど，学校の全職員で共有していくようにします。他の学年や教科等での情報活用能力育成の取組状況を共有して，その状況を理解しながら各自の授業に活かしていくようにします。

　学校や地域において，定期的に状況を共有していきながら，情報活用能力の定着状況を把握することで，その後の学習でどのような活動を取り入れるかを考えることができます。また，情報活用のスキルが十分に身に付いていないと思われる子供には，教師が伴走しながら，情報活用を復習する機会を設けることも考えられます。さらに，定期的に子供たちも教師も情報活用を振り返りながら，子供も教師も自己評価を行います。その自己評価の結果を教員間で共有して，次年度の年間指導計画等の作成や見直しに活かしていくようにします。

(3)　人的・物的体制の確保

　情報教育を学校や地域全体で進めるには，管理職のサポートや教育委員会との連携が重要になってきます。情報機器に詳しい教師が単独で計画を進めるのではなく，校長や教頭等の管理職と一緒に計画を立案して，学校全体で進めるようにします。また，情報教育の担当者についても，複数のスタッフが担当して進めるようにしたり，学年で担当者を決めて複数体制で進めるようにしたりするなど，推進体制を構築していくことが重要です。

【参考文献】
・文部科学省（2017）「小学校学習指導要領解説総則編」
・文部科学省（2020）「教育の情報化に関する手引」
・文部科学省（2023）「情報活用能力育成のためのアイデア集」
・文部科学省（2020）「小学校プログラミング教育の手引（第三版）」　　　　　　　　　（山本　朋弘）

理論編

実践編

プログラミング教育の推進

 小学校プログラミング教育のねらい

(1) 小学校プログラミング教育のねらい

　小学校プログラミング教育では，子供たちにどんな力を身に付けさせたいのでしょうか？
小学校プログラミング教育のねらいは，以下の3つにまとめることができます。小学校におい
て，プログラミングに取り組むことを通じて，子供がおのずとプログラミング言語を覚えたり，
プログラミングの技能を習得したりするといったことは考えられますが，それ自体はねらいと
なりません。

---

　① 「プログラミング的思考」を育むこと
　② プログラムの働きやよさ，情報社会がコンピュータ等の情報技術によって支えられ
　　ていることなどに気付くことができるようにするとともに，コンピュータ等を上手に
　　活用して身近な問題を解決したり，よりよい社会を築いたりしようとする態度を育む
　　こと
　③ 各教科等の内容を指導する中で実施する場合には，各教科等の学びをより確実なも
　　のとすること

---

(2) 小学校プログラミング教育で育む資質・能力

　「小学校プログラミング教育の手引」では，小学校プログラミング教育で育む資質・能力を，
各教科等で育む資質・能力と同様に，資質・能力の三つの柱に沿って整理されています。

知識及び技能
　プログラムの働きやよさ，情報社会がコンピュータ等の情報技術によって支えられて
いることなどに気付く
思考力，判断力，表現力等
　「プログラミング的思考」を育む
学びに向かう力，人間性等

　コンピュータ等を上手に活用して身近な問題を解決したり，よりよい社会を築いたりしようとする態度を育む

① 知識及び技能

　子供たちがコンピュータを用いて情報を活用したり発信したりする機会が一層増えてきている一方で，その仕組みがいわゆる「ブラックボックス化」していて，コンピュータに意図した処理を行うよう指示することができるということを体験させることが重要です。コンピュータに意図した処理を行うよう指示をする活動を通して，コンピュータはプログラムで動いていること，プログラムは人が作成していることなど，体験を通して気付かせる必要があります。コンピュータが日常生活のさまざまな場面で使われており，生活を便利にしていることや，コンピュータに意図した処理を行わせるためには必要な手順があることに気付くことが，今後の生活においてコンピュータ等を活用していく上で必要な基盤となります。

② 思考力，判断力，表現力等

　思考力，判断力，表現力等では，発達の段階に即して，「プログラミング的思考」を育成することとなります。コンピュータに意図した処理を行わせるために必要な論理的思考力，すなわち「プログラミング的思考」を育成することは，小学校におけるプログラミング教育の中核ともいえます。

　「プログラミング的思考」とは，「自分が意図する一連の活動を実現するために，どのような動きの組合せが必要であり，一つ一つの動きに対応した記号を，どのように組み合わせたらいいのか，記号の組合せをどのように改善していけば，より意図した活動に近づくのか，といったことを論理的に考えていく力」といえます。「プログラミング的思考」は，プログラミングの取組のみで育まれるものではなく，思考力，判断力，表現力等を育む中に，「プログラミング的思考」の育成につながるプログラミング体験を計画的に位置付けていくことが必要です。

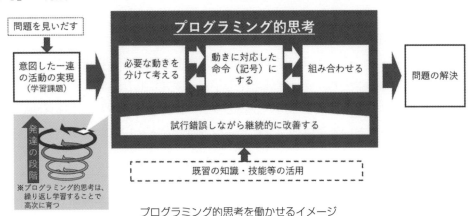

プログラミング的思考を働かせるイメージ
（「小学校プログラミング教育の手引」から）

③　学びに向かう力，人間性等

　　小学校プログラミング教育での「学びに向かう力，人間性等」では，発達の段階に即して，コンピュータの働きを，よりよい人生や社会づくりに活かそうとする態度を涵養することです。子供にとって，身近な問題の発見・解決に，コンピュータの働きを活かそうとしたり，コンピュータ等を上手に活用してよりよい社会を築いていこうとしたりする，主体的に取り組む態度を育成することとなります。また，他者と協働しながらねばり強くやり抜く態度の育成，著作権等の自他の権利を尊重したり，情報セキュリティの確保に留意したりするといった，情報モラルの育成なども重要です。

プログラミング教育のねらいを実現させるために

⑴　カリキュラム・マネジメントの重要性

　　プログラミング教育のねらいを実現するためには，各学校において，プログラミングによってどのような力を育てたいのかを明らかにし，必要な指導内容を教科等横断的に配列して，計画的，組織的に取り組むことが求められます。さらに，その実施状況を評価し改善を図り，育てたい力や指導内容の配列などを見直していくこと（カリキュラム・マネジメントを通じて取り組むこと）が重要です。複数の教科・学年を見通して情報活用能力を育成することをねらいとし，既存の単元等の学習活動を見直して整理し，教育委員会において取組について一定の方向性を示すことが求められます。

　　また，プログラミング教育の授業を設計し，そして目指す力を子供に育むことができたのかを見取るといったことは教育の専門家である教師の役割です。その上で，企業・団体や地域等の専門家と連携し協力を得ることは極めて有効であり，教師が学校外の専門家と積極的に連携・協力してプログラミング教育を実施していくことは，「社会に開かれた教育課程」の考え方にも沿ったものといえます。

⑵　コンピュータを用いずに行う指導の考え方

　　コンピュータを用いずに行う「プログラミング的思考」を育成する指導では，これまでに実践されてきた学習活動の中にも，例えば低学年の子供を対象にした活動などで見いだすことができます。ただし，学習指導要領では子供がプログラミングを体験することを求めており，プログラミング教育全体において子供がコンピュータをほとんど用いないということは望ましくありません。

　　コンピュータを用いずに「プログラミング的思考」を育成する指導を行う場合には，子供の発達の段階を考慮しながらカリキュラム・マネジメントを行うことで子供がコンピュータを活用しながら行う学習と適切に関連させて実施するなどの工夫が望まれます。

(3) プログラミング言語や教材の選び方

　プログラミング言語では，ブロックを組み上げるかのように命令を組み合わせることなどにより簡単にプログラミングできる言語（ビジュアル型プログラミング言語）が普及しています。これらの複数の言語や教材の中から，それぞれの授業においてプログラミングを取り入れるねらい，学習内容や学習活動，子供の発達の段階等に応じて，適切なものを選択し活用することが望まれます。子供の発達の段階や学習経験を踏まえて，子供の負担にならない範囲で，学習内容等に応じて使用する言語を変更することも考えられます。

(4) プログラミングに関する学習活動の分類と指導の考え方

　プログラミング教育は教育課程内外のさまざまな場面でも実施することが考えられます。「プログラミング教育の手引」に示された指導例を参考として，各学校において工夫して多様な場面で適切に取り入れていくことが望まれます。A：学習指導要領に例示されている単元等だけではなく，例示されていないが各教科等の内容で指導する内容や，各学校での裁量によって実施される内容においても指導を進めることが重要です。

教育課程内のプログラミング教育

　A：学習指導要領に例示されている単元等で実施するもの

　　　算数：[第5学年] B 図形(1)正多角形,

　　　理科：[第6学年] A 物質・エネルギー(4)電気の利用

　　　総合的な学習の時間：情報に関する探究的な学習

　B：学習指導要領に例示されてはいないが,

　　　学習指導要領に示される各教科等の内容を指導する中で実施するもの

　C：各学校の裁量により実施するもの

　　　（A，B，D以外で，教育課程内で実施するもの）

　D：クラブ活動など，特定の児童を対象として，教育課程内で実施するもの

教育課程外のプログラミング教育

　E：学校を会場とするが，教育課程外のもの

　F：学校外でのプログラミングの学習機会

【参考文献】
・文部科学省（2017）「小学校学習指導要領解説総則編」
・文部科学省（2020）「教育の情報化に関する手引（追補版）」
・文部科学省（2020）「小学校プログラミング教育に関する手引（第三版）」

（山本　朋弘）

情報モラル教育の推進

 ## 情報モラル教育のねらい

(1) デジタル社会の責任とコミュニケーション

　情報化・国際化は加速度的に進展し，急激に変化する社会の中で，子供たちが自らの可能性や責任を認識するとともに，他者を価値のある存在として尊重して，多様な人々と協働しながら，持続可能な社会の創り手となることができるよう，資質・能力を育成することが求められています。これからの情報社会では，一人一人が情報化の進展が生活に及ぼす影響を理解し，情報に関する問題に適切に対処し，積極的に情報社会に参加しようとする創造的な態度が大切です。例えば，OECD が Education2030プロジェクトで2030年のコンピテンシーとして右の内容を取り上げています。

> ・新たな価値を創造する力
> ・対立やジレンマを克服する力
> ・責任ある行動をとる力

　また，アメリカの団体である ISTE では，学生が身に付けるべき評価指標を示しています。その中でも，右は上記の指標とも関連する内容であると考えられます。

> ・デジタル社会の権利・責任　（Digital Citizen）
> ・地域や世界との協調的な態度　（Global Collaborator）

　OECD や ISTE 等の海外における指標などでは，デジタル社会での責任や権利，他とのコミュニケーションを深める能力が明確に示されています。デジタル社会でどのように生活するのか，デジタル・シティズンシップの考え方を発揮して，生活することが重要であるといえます。

(2) 情報モラルとは

　誰もが情報の送り手と受け手の両方の役割をもつようになるこれからの情報社会では，情報がネットワークを介して瞬時に世界中に伝達され，予想しない影響を与えてしまうことや，対面のコミュニケーションでは考えられないような誤解を生じる可能性も少なくありません。

　このような情報社会の特性を理解し，情報化の影の部分に対応し，適正な活動ができる考え方や態度が必要となってきています。そこで，小学校学習指導要領では，「情報社会で

> 「情報モラル」……情報社会で適正な活動を行うための基になる考え方と態度（※小学校学習指導要領解説総則編）

適正な活動を行うための基になる考え方と態度」を「情報モラル」と定め，各教科の指導の中で身に付けさせることとしています。

(3) デジタル・シティズンシップ

　子供たちが自分用の情報端末を手にして，日常的に ICT を生活場面で利用できるようになってきたことを想定すれば，ネット社会の安全面にのみ目を向けた限定された保護主義的な取組だけではありません。普段の生活や学習のツールとしていつでも使うことを前提にした積極的な教育が必要といえます。現在，デジタル・シティズンシップ教育の考え方を参考にした取組が見られるようになってきています。

(4) 日常モラルと的確な判断力

　情報モラルは，道徳などで扱われる「日常生活におけるモラル（日常モラル）」が前提となる場合が多く見られます。道徳で指導する「人に温かい心で接し，親切にする」「友達と仲良くし，助け合う」「他の人とのかかわり方を大切にする」「相手への影響を考えて行動する」などは，情報モラル教育においても何ら変わるものではありません。

　情報モラル教育において重要なことは，情報社会やネットワークの特性とその危険を知ることのみがねらいではなく，ネットワークを通じて他人や社会とよりよい関係を築けるよう，自分白身で正しく活用するために的確な判断ができる力を身に付けさせることといえます。

(5) 考えさせる活動の重視

　情報モラルの指導は，各教科等において指導するタイミングをうまく設定し，繰り返し指導することが大切です。また，子供同士で討論することや，インターネットで実際にあるいは擬似的に操作体験をしたり調べ学習をしたりするなどして，「情報モラルの重要性を実感できる授業」を実践する必要です。特に，学習指導要領解説総則編においては，情報モラルの指導のための具体的な学習活動について，一方的に知識や対処法を教えるのではなく，子供が自ら考える活動を重視しています。

(6) 体系的な計画づくり

　文部科学省が公表した「情報モラル指導モデルカリキュラム」では，情報モラル教育を「情報社会の倫理」「法の理解と遵守」「安全への知恵」「情報セキュリティ」「公共的なネットワーク社会の構築」の５つに分類し，小学校低学年，中学年，高学年，中学校，高等学校の５つの発達段階に応じた指導目標を示しています。このような校種や学年，発達段階に応じて，計画的・系統的に指導を進めて，学校や地域全体で推進していくことが重要です。

　また，情報モラル教育は，学校だけで実施するのではなく，家庭や保護者と連携しながら進

めていくことが重要です。子供たちへの指導だけでなく，保護者や地域の理解を深める取組を進めるなど，家庭や保護者，地域を巻き込んだ積極的な取組が今後期待されます。

(7) 健康面への対応

　情報技術が進展し，子供たちの生活の中で利活用が広がっていくことで，新たな問題が生じてきます。また，そのことによって，学習や生活における習慣などが変化していくこともあります。例えば，情報化の進展に伴い，新たな問題が生じており，インターネットを使い過ぎてしまう問題については，「ネット依存」と呼ばれ，幼少期より日常生活の中にインターネットが普及していた現在の小中学生にとっては深刻な問題となっています。また，ソーシャルメディアを利用している生徒の方が利用していない生徒に比べ，依存傾向が高くなることが報告されています。

　さらに，子供たちの日常的な活用が進むと，視力の低下などの健康面への配慮も必要となってきています。右は，文部科学省が公開した子供向けの5つの約束です。今後は，右の点に留意しながら，子供たちへの指導を学校や家庭で進めることが求められます。

> 【タブレットを使うときの5つの約束】
> ・タブレットを使うときは姿勢よくしよう
> ・30分に1回はタブレットから目をはなそう
> ・ねる前はタブレットを使わないようにしよう
> ・自分の目を大切にしよう
> ・ルールを守って使おう

(8) 情報安全と情報セキュリティ

　SNSの利用増加により，家族や友人だけではなく，知らない人とのメールやメッセージのやり取りが容易となりました。インターネット上で知り合った人とのトラブルにつながることが懸念され，子供たちには，ネット社会において自分の身は自分で守ることをしっかり理解させて，責任感をもって利活用することが必要です。

　インターネットの利用時間やトラブル経験について，人により認識が異なることが指摘されています。つまり，インターネット上でのトラブルにつながる問題行動について，「トラブルを起こしてしまうかもしれない」という自覚がないまま，インターネットを利用している可能性が考えられます。

　個人情報をネット上で公開したり，不適切で迷惑をかける動画をアップロードしたりするなど，ネット上のコミュニケーションの特性を理解していないことから社会問題に発展するケースも見られます。右のネット社会の特性を理解させる

> ・非対面性（直接会わずにコミュニケーションできる）
> ・匿名性（相手が誰かわからなくてもコミュニケーションできる）
> ・即時性・広域性（あっという間に，地球の裏側までも伝わる）

ことも大切です。

新たなテクノロジーへの対応

　これからは，従来のモラル教育だけでなく，子供たちがAIやプログラミングなどの新たなテクノロジーを学習に活用することも考えられます。それらの活用を否定して見るのではなく，試行錯誤しながら賢く使う方法や内容を発見していくよう，適切な指導や支援を進めていくことが極めて重要だといえます。

(1)　自ら責任をもって行動できる力

　ネット社会では，誰でも情報を発信できる生活環境になってきました。そのことは，誰もが情報を発信する際には，自らの立場や責任を考えてから発信することが求められます。自分が発信した情報がどのような影響を与えるのか，発信した後にどのようなことが起きるのかを考えさせるなど，自ら責任をもって行動できる力を高めることが必要です。小学校においても，海外の指標でも取り上げられているデジタル社会での権利と責任を学んでいくことが必要となっています。

(2)　正しい情報かを判断できる力

　ネット上の情報やAIが提供する情報が正しい情報であるとは限りません。意図的に間違った情報を送信するデマ情報やフェイクニュースも存在しますし，意図的でなくても間違った情報（誤情報）も数多く見られます。情報を正しく読み取る力を身に付けることが求められています。情報を鵜呑みにするのではなく，多面的・批判的に見ながら，必要な情報をまとめるとともに，事実（結果）と自分の考えや考察を明確に分けてまとめる力も必要となってきます。

(3)　新しい技術に対応できる力

　これだけ変化が激しい社会では，活用するツールや機器が新しくなり変わっていくことは当たり前となってきています。古いツールや考え方にとらわれず，新たな技術に対して積極的に取り組み，メリットデメリットを考えることができるようにすることも大切です。また，新たな技術に頼るのではなく，どのような場面で活用できるか，活用しない方がよいのか，批判的に捉えながら考えていくことも求められます。

【参考文献】
・文部科学省（2017）「小学校学習指導要領解説総則編」
・総務省（2022）「家庭で学ぶデジタル・シティズンシップ（ガイドブック／講師ガイド）」
・文部科学省（2022）「端末利用に当たっての児童生徒の健康への配慮等に関する啓発リーフレットについて」

（山本　朋弘）

1 正多角形と円〜プログラミング〜

 活用のねらいと特徴

(1) 本単元の学習にプログラミングを取り入れる意義について

　子供たちの資質・能力を育成するために，各教科等の学習の中でプログラミングを行う際は，各教科等の目標を達成するための1つの方法として取り入れる必要があります。

　本単元の目標は，学習指導要領や子供の実態等をもとに以下のように設定しました。

> ○　正多角形の性質や作図の仕方，円周率の意味を理解したり，直径の長さや円周の長さを計算によって求めたりすることができる。
> ○　図形を構成する要素や構成要素の関係に着目し，正多角形と多角形の弁別を考えたり，正多角形や円には，常に変わらない性質があることを見いだそうと考えたりして，見いだした図形の性質について，筋道立てて考え説明することができる。
> ○　正多角形や円の性質について調べたり，正多角形の作図の仕方や円周の求め方を考えたりする活動に粘り強く取り組み，自分なりの「問い」を連続・発展させていこうとすることができる。

　本実践に限らず，各教科等の目標をよりよく達成するためには，子供たちが見方・考え方を働かせることが大切です。そこで，本実践では，どのような図形でも見方・考え方を発揮しながら，性質を見いだしたり，それらを筋道立てて考えたりするとができるようにするために，多様な図形を考察する対象としました。そして，作図の技能にかかわらず，誰もが意図した図形を一瞬で作図できたり，作図の仕方を筋道立てて考えたりしていく必要性のあるプログラミングによる作図を取り入れることにしました。このように，プログラミングを作図の方法の1つとして取り入れ，多様な図形の作図の仕方を考えていく活動を取り入れることで，子供たちが自然と図形の構成要素に着目しながら対象の図形を考察し，図形の性質をよりよく見いだしたり，図形の性質について筋道立てて考えたりしていくことができるようになります。

(2) 本実践において使用するプログラミング言語と教材について

　本実践では，小学生でも簡単にプログラムを作ることができる Scratch を使用しました。更に，子供たちが Scratch の操作の仕方ではなく，作図の仕方について思考することができるようにするために，教師が授業前に正多角形を作図するための教材を Scratch で作成し，子供に配布しました。その教材には，あらかじめ使用するブロックを限定（使用しないブロッ

クも混ぜておく）したり，スペースキーを押すと，作図した図形が消えたり，スプライトの位置が元に戻ったりするような工夫をし，思考したことを何度も試すことができるようにしました。

実践の具体例

Scratch を用いて図形の作図に取り組む学習は，正多角形の基本的な性質や円と関連させた作図の仕方を学習した後に実施しました。そして，本時の目標を以下のように設定しました。

> 辺の長さと角の大きさに着目しながら，Scratch で正五角形や星形正五角形を作図するプログラムを粘り強く考える活動を通して，意図する図形が正しくかけるプログラムと正しくかけないプログラムを比較し，プログラムの違いを考えることで，キャラクターを回す角度は，外角（360－内角の大きさ）を入力する必要があることに気付き，正しく作図できたプログラムをもとに，図形の性質を筋道立てて考え，説明することができる。

(1) 導入

授業の導入では，まず，教師が作成した Scratch の教材を配信し，使い方を確認しました。その後，子供たちは，Scratch を使って正五角形をかく活動に取り組みました。

T　では，Scratch を使って正五角形をかいてみよう。

C1　手でかいたときと同じように考えればいいんじゃないかな。

C2　あれ，うまくかけないよ。

C3　108度じゃないんじゃない。

図1　導入で子どもが作成したプログラム

多くの子供たちは，手で正五角形を作図した時の学習と関連付けながら Scratch のブロックの組み合わせ方を考え，手での作図中に繰り返す動作が「○回繰り返す」ブロックに置き換えられることに気付くことで，短いプログラムを組むことができていました。しかし，図1のように108度を入力する子供が多く，正確に正五角形を作図することができていない子供の姿が見られました。その後，なぜ108度を入力したのか考えの根拠を尋ね，正五角形の内角を入力しても作図できないことを明確にし，「Scratch で正多角形をかくにはどのように考えればよいのかな」と学習問題を焦点化しました。

導入では，手での作図の学習と本時の学習を関連付けることで，子供たちは，プログラミングでの作図の仕方について見通しをもちやすくなると考えます。さらに，手での作図とプログラミングでの作図を比較し，共通点や差異点を考えていくことで，問題点が明確になり，学習問題を焦点化していきやすくなると考えます。今回は，子供たちが「○回繰り返す」ブロックを導入段階で当たり前のように使っていましたが，「なぜ，それを使ったのか」という根拠を

丁寧に尋ね，正多角形の特徴をもとに作図を考えていたことを自覚させ，教師が価値付けることが大切です。

(2)　展開～第1課題 正五角形～

　授業の展開では，Scratch で正多角形をかくにはどのように考えればよいのかについて明らかにしていきました。

図2　正五角形の角度について説明する子供

C1　72度だったら上手くかけたよ。

T　72度を入力すると上手くかけたんだね。なぜ，72度を入れようと思ったの？

C2　180－内角をしたら72度だから。

C3　ネコが進む下の辺が180度でしょ。ネコが進んだ後に1度ずつ左に向き回してネコが72度のときが上手くかける角度だから。

C4　そうか。ネコが回る角度なんだ。108度も回ってしまうと回りすぎなんだ。

T　つまり，どんな角度を入力すればいいの。

C5　外側の角度だね。180度－内角で求めればいいね。

　子供たちは，思い思いの角度を入力し，72度を入力すれば正五角形が作図できることを発見しました。しかし，72度を入力する理由までは全員が納得できていなかったため，「なぜ，72度を入力すると正五角形が作図できるのか」について考えていきました。ネコの目線で考えたり，説明したりすることで，外角を入力することについて納得する姿が見られました。

　展開では，電子黒板を活用し，子供たちの説明に出てきた角度を正五角形に書き込ませながら説明させたり，正五角形になるように実際に教室を歩いてみたりすることで，外角を入力することを理解しやすくなると考えます。尚，「外角」については，中学校での学習内容であるため，キャラクターが回る角度と捉えさせ，180度から内角を引いた角度を入力する必要がある程度の扱いとしました。

(3)　展開～第2課題 星形正五角形～

　展開の後半では，作図技能の困難さが緩和されたり，作図にかかる時間が短縮されたりするプログラミングのよさを活かし，第2課題として「星形五多角形」を提示してプログラミングによる作図を行いました。尚，星形正五角形は，小学校の学習内容ではないため，正確な定義や性質を理解させるまでは求めず，星形正五角形をかく際に必要な角度やプログラムによる作図の仕方を筋道立てて考えたり，考えたことを説明したりすることに重点を置きました。

C1　先生，違う図形もやってみたいです。

T　いいですね。では，こんな図形はどうですか？

C2　星じゃん。難しそう。

T　そうです。星です。この図形は，星形正五角形といいますよ。何か気付くことがありますか。

C2　真ん中に正五角形みたいなのがあるよ。でも，正五角形なのかな。

T　いいことに気付きましたね。真ん中の図形は，正
　　五角形です。

C3　だったらかけるんじゃない。

　子供たちに星形正五角形を提示した際は，難しそう
との声が多く挙がりました。しかし，星形正五角形を
考察する時間を設けることで，真ん中に正五角形があ
ることに気付き，第1課題での学びを活かして作図で

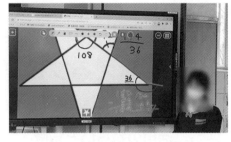

図3　星形正五角形の角度について説明する子供

きるのではないかという見通しをもつ姿が見られました。その後，各自で作図に取り組み，星
形正五角形が作図できたプログラムをもとに，なぜ，そのプログラムを組んだのかについて説
明しました。

T　どうして，144度を入力したの。

C1　だって，真ん中が正五角形でその内角は1つ108度でしょ。だから，周りの三角形の両端
　　の角度は，72度じゃん。これを足すと144度。180－144したら上の角度が36度ってことがわ
　　かるでしょ。そしたらさっきと同じように180－内角で外側の角度を出すと144度になったか
　　ら144度を入力しました。

　子供たちは，初めて見る図形に対しても，角の大きさに着目し，正五角形の角の大きさを根
拠としながら作図に必要な角の大きさを筋道立てて考え見いだしました。さらに，「なぜ，こ
のプログラムで星形正五角形をかくことができたのか」と尋ねると，「だって，全部の辺の長
さと内角が同じだから」と星形正五角形の辺と角の大きさに着目し，見いだしたことをもとに，
自分の考えを筋道立てて説明することができました。さらに，「正多角形と似ているね」「周り
の三角形は二等辺三角形だね」などと発言するなど，星形正五角形について多様な気付きがあ
ったことがわかりました。

　展開の後半では，作図できて終わりではなく，作図ができた要因を説明させることに重点を
置きました。「なぜ，星形正五角形を作図することができたのか」について，プログラムをも
とに考えを改めて整理したり，説明したりする過程で，筋道立てて考えていくことのよさを自
覚できるようになります。

⑷　**最後に**

　今回，授業の目標を達成することができたのは，授業の目標の達成にプログラミングがどの
ように寄与できるのかについて考え，プログラミングの立場を明確にし，実践を行ったからで
す。この考え方は，算数科以外の学習でも大切になると考えます。　　　　　　　　（三宅　倖平）

理科
小学校6年

2 MESHを活用した効率のよい電気利用を考えるプログラミング学習

活用のねらいと特徴

(1) プログラミング教育とは

「小学校プログラミング教育の手引」では，情報活用能力の育成を図るため，情報手段の適切な活用に加え，各教科等の特質に応じて，「プログラミングを体験しながら，コンピュータに意図した処理を行わせるために必要な論理的思考力を身に付けるための学習活動を計画的に実施すること」が小学校段階から必須となることが明記されました。

そこで，小学校段階から必須となったプログラミング教育は，例示されている6年理科「電気の利用」や5年算数「円と正多角形」については，確実に授業実践していく必要があります。

(2) 電気の利用のプログラミング学習授業計画

レベル	基本編		応用編	
時間	1	2	3	4
学習課題	効率よく電気を利用するには，どのようにプログラムするとよいか。		場所に合った，効率のよい扇風機を開発しよう。	
活用するICT機器	タブレット端末，大型テレビ，デジタル教科書，MESH			
活用するコンテンツ，ソフト，アプリ等	MESH（自動電源，人感，明るさ） MetaMojiClassRoom（授業支援ソフト）			
ICT活用のポイント	MESHの「自動電源」「人感センサー」「明るさセンサー」を活用して，効率のよい電気利用について考える。場面，状況設定を考えた上で，どのようなプログラムを行うと効率的な電気利用ができるのかをペアで試行錯誤することでプログラミング的思考を育成する。			

（1） MESHを活用したプログラミング「基本編」

　MESHを活用するなど初めて使用するソフトやアプリについては，操作の仕方等を説明したり操作に慣れたりする時間が必要です。そこで，第1時では，図1に示すように，MESHの操作方法について教師の方で説明を丁寧に行います。活用するのは，自動電源，人感センサー，明るさセンサーの3つです。

　次に，MESHをつないで正しい回路のつなぎ方について全体で確認を行います（図2）。

　活動の流れとしては，以下のような手順で行うようにします。

図1　MESHの操作方法を説明している様子

---

① MESHをつないで回路を作る。

② ホワイトボードでプログラムする。

③ タブレット端末上でプログラムする。

④ 実際に操作して確認する。

図2　回路について確認している様子

　基本編として，最初は「自動電源と人感センサー」を活用して，図3に示すように，人を感知したら電源が入り発行ダイオードに明かりがつき，感知しなくなったら，電源が切れるという基本的なプログラムを全体で一緒に取り組んでいきます。

　全体での確認を行った上で，以下のような条件を付けて，「効率のよい電気利用」についてのプログラムをペアで考えさせるようにします。

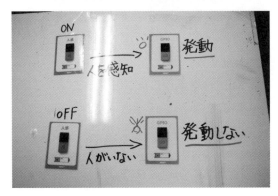

図3　基本的なプログラム

【条件】　場所を限定する（場所によってプログラムが異なる）

　　　例）玄関　　寝室　　リビング　　子供部屋　　ろうか　　トイレ　など

　ペアで場所を設定し，その場所に合ったプログラムをペアで話し合いながら，ホワイトボー

理論編

実践編

ド上にまとめていきます。その後，タブレット端末上でプログラムを行い，プログラム通りにできるのかを実際に操作して確認します。うまくいかない場合は，どこに問題があるのかをペアで話し合い，イメージした通りのプログラムになるように，何度も繰り返し修正していくようにします（図4）。

図4　ホワイトボード上でのプログラム → タブレット端末上でのプログラム → 実際の操作確認

完成したプログラムは，図5に示すように，違うペアに紹介し，自分たちのプログラムを説明させるようにします。その際，効率よくするためにどんなプログラムの工夫をしたのかを説明させます。また，他のペアからもアドバイスをもらい，再度修正できるようにします。

図5　プログラムを説明している様子

図6は，実際のプログラムの内容です。「ろうかは，6年生教室まで行くのに40秒かかるから，消える時間は40秒後」というように，どのペアも玄関やリビング，寝室など場所によって，感知する時間や感知しなくなって消える時間を工夫するようになり，効率的で快適なプログラムを作成することができるようになっていきます。

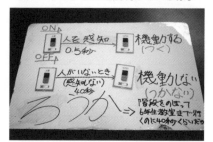

図6　実際に考えたプログラムの内容

(2)　MESH を活用したプログラミング「応用編」

応用編では，「場所に合った，効率のよい扇風機を開発しよう」というテーマで授業を行います。まず，一人一人に自分ならどんな場所にどんな扇風機があると，効率的でより快適なくらしができるのかを考え，シートに記入させます（図7）。

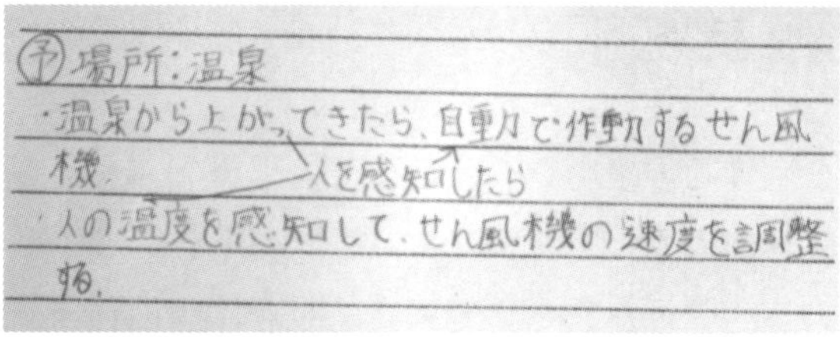

図7　1人で考えた内容（温泉）　学習シート

その後は，基本編と同様に，ペアで話し合いながら，プログラムを作成していきます（応用編では，温度湿度センサーを追加）。

応用編でも，ペアで何度も修正しながらイメージしたようなプログラムを作成していきます（図8）。ある程度プログラムが完成したところで，中間発表会を行い，クラス全体でアドバイ

スし合うようにします（図9）。

　友達や教師からのアドバイスを受け，再度プログラムを修正し直し最終版を完成させていきます。

図8　ペアで試行錯誤しながら作成している様子　　　　図9　中間発表の様子（MESH 画面）

　最後に，学級全体でどんな扇風機を開発したのかをペアで役割分担（プレゼン，操作）しながら，商品開発プレゼンを行います（図10）。

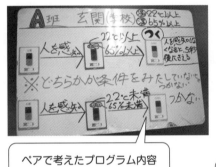

ペアで考えたプログラム内容

プレゼン担当　　　　操作担当

図10　ペアで役割分担して商品開発プレゼンしている様子

【子供が考えた扇風機設置場所】

①学校の玄関　　②教室　　③遊園地（夏）　　④老人ホーム　　⑤リビング　　⑥食卓

※場所や季節，利用状況などによって，プログラムは複雑になることを学ぶことができた。

【参考文献】
・文部科学省（2017）「小学校学習指導要領」
・文部科学省（2020）「教育の情報化に関するの手引き」
・文部科学省（2020）「小学校プログラミング教育に関する手引き（第三版）」

（横山　誠二）

総合
小学校5年

3 久留米市のまちづくり～メタバースの世界～

活用のねらいと特徴

(1) 本単元の教材「久留米市のまちづくり～メタバースの世界～」の価値について

　これからの時代は，この10年でスマートフォンの普及により人とものがつながり，利便性が格段によくなったように，科学技術の発展で人々の暮らしが大きく変わるといわれています。そこで注目されているのが，今後の社会の課題を解決することができるといわれているインターネット上の仮想空間である「メタバース」です。本単元では，メタバースについて実際に目で見て体験を通すことでそのよさを知ります。次に，メタバースのよさを活かして，地域創生を全国で行っている所があることを知ります。そこで，久留米市の観光の課題解決に貢献するためにメタバース上でフェスタを開催して久留米の魅力を発信することを市役所の観光課の方に提案をするという課題をもちます。そして，久留米PRプランをメタバースで地域創生をしている企業の方や大学の先生と協働しながら，つくり，発信していきます。これらの実社会への参画を通して人々の思いや願いに共感し，さまざまな可能性を創造し，自分の将来の生き方について考えることをねらいとしました。

(2) 学習者用端末の活用のポイント

　総合的な学習の時間では，学習者用端末はいつ，どの時間でも必ず使います。特に有効に活用できる場面が3つあります。情報を処理，共有，保存することです。

　例えば，「情報収集」の段階では，メタバースとはどのようなものなのかをインターネットで調べたり，実際に見学に行けない場合でも，Zoomを使って専門家の考えを聞いたりする処理を行います。

　他にも「整理・分析」の段階では，チームの中でそれぞれ収集した情報は異なるので，学習端末上で共有して，大量の情報から取捨選択を行えるようにします。さらに，デジタルデータにしていることで，GTとも情報を共有することができ，やり取りをすることができます。

　最後に，保存については，デジタルポートフォリオとして，学びの足跡を蓄積していきます。

　個人の集めた情報，チームの情報，他のチームの情報，サイクルごとの情報とだんだんと蓄積されていき，新たな考えをつくるときの根拠となったり，新たな単元でも学び方の参考にすることができたり，振り返ることで自己の成長を自覚することができます。

実践の具体例

計画（35時間）

（本時）メタバースのよさを知り，メタバースを使って久留米市の観光を活性化させるために，久留米市役所の方にプランを発信する。（21／35）※第2サイクル

> 久留米市の魅力をより伝えるためには，メタバースの強みである時間，空間を越えて，相互交流ができる体験を入れるとよいことを捉え，プランをつくりかえることができるようにする。

(1)　考えをつくる活動　※第2サイクルについて述べる

　この段階では，メタバースが地域の課題解決に活用できることを捉え，プランをつくることをねらいとしました。そこで，市役所観光課の梅田さんから「メタバースを使って，久留米市の魅力を発信していくためのよい案を考えてほしい」という依頼（Zoom を通して）を受けました。そして，バーチャル久留米フェスタ（メタバース）のプランを作成する活動を位置付けました。

　ここでは，以下の2つの手立てを仕組みました。

・市役所観光課の梅田さんから Zoom を通して，直接依頼を受ける場を設定したこと。

・プランをつくるために必要な観点を話し合う場を設定したこと。

　このことで，子供たちは，久留米市の観光を活性化するために，自分たちがプランを考えたいという強い目的意識をもつことができました。そして，他の地域でのメタバースを活用した取組を調べ出しました。次に，プランをつくるための観点を久留米の魅力を伝えるためには，何が必要かを話し合い「見た目，データ，アイデア，久留米感，課題設定」の5つとしました。その後，観点をもとにチームでプランを作成していき，全体に発表をしま

PR プランを提案する様子

した。つまり，明確な目的意識と見通しをもち，自分たちで協力しながら最善のプランを作成することができたと考えます。

⑵ 改善点を明確にする活動

　この段階では，プランの改善点を明確にすることをねらいとしました。そこで，事前に各チームのプレゼンテーションをもとに評価したレーダーチャートを見る場とGTからのコメントをもらう場を位置付けました。

　ここでは，以下の2つの手立てを仕組みました。

・他チームが評価したレーダーチャートを学習者用端末で共有したこと。

・GTからのコメントによる評価を学習者用端末で配付し共有したこと。

観点	平均	1班	2班	3班
根拠	4.25	5	5	2
見た目	4.375	5	5	4
アイデア	3.75	5	5	3
久留米感	4	5	5	4
課題解決	3.375	5	5	3

T　前回発表したときの他のチームからのレーダーチャートの結果を見てみましょう（レーダーチャートは，Googleスプレッドシートで教師が作成しておき，すべてのチームが数値を入力して，その平均値が5段階の数値として表れるようにしておきました）。

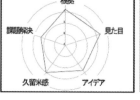

6班　大仁田さん
普段だと見られない光景のシチュエーションなのでビジュアル的に面白いと感じます。
ただ，肝心の内容がメタバースである必要性が薄く感じるのでゲームの中身までメタバースをうまく活用してほしいです。

他者からの評価

C1　アイデアは，自分たちでは工夫したつもりだったけれど，あまり伝わっていなかったな。

T　次に，メタバースの専門家であるパラレアルの大仁田さんと久留米工業大学の河野先生からも評価をもらっています（事前に子供たちが作成したプレゼンテーションを送付しておき，チームごとに評価をしてもらっていた）。

C2　よく調べてあり，面白いといわれたが，アイデアが具体的ではないとわかった。

C3　普段できないことなどで見た目は面白いと言われたが，メタバースである必然性を表現するとよいことがわかった。

T　今日は，どのように学習を進めますか。

C4　今までつくった久留米PRプランをつくりかえたい。

　このことで，すべてのチームがプランの不十分さを自覚し改善の必然性をもちました。Aチームは改善していく観点（アイデア）や具体的な内容が不明確ということに気付きました。つまり，他者からの数値やコメントの評価を受けたことで，最善と考えていたプランの不十分さが明確になり，つくりかえてよりよいプランにしたいという意欲をもったと考えられます。

⑶ 考えをつくりかえる活動

　この段階では，自他が納得するプランにつくりかえることをねらいとしました。そこで，既習やGTのアドバイスを取り入れる活動を位置付けました。

　ここでは，以下の2つの手立てを仕組みました。

・全チームのプランを学習者用端末で共有したこと。

・3人のGTから直接アドバイスを受ける場を設定したこと。

　他者からの評価をもとに自分たちのチームの改善するべき観点を話し合いをして決めました。

　今までの収集した情報，他のチームプレゼンテーションも共有しているため，参考にして取り入れたり，GTを3人来ていただいていたので，専門的な立場からアドバイスを受けられるようにしたりしました。そして，つくりかえたプランのポイントをホワイトボードにキーワードで書かせ，全体交流を行いました。

T　それぞれ，つくりかえたところを発表してください。

C5　私たちのチームは，久留米PRプランを逃走中という鬼ごっこと久留米観光をかけ合わせて考えていましたが，メタバースだからこそ時間，空間，人格を越えて，魅力を楽しく伝えるためには，参加者が，久留米上空から飛び回って地上を見るゲーム形式のプランに改善しました。

C6　私たちのチームは，久留米絣の工程が体験できるアトラクションに変えました。それは，久留米を感じてもらうこととメタバースのよさを取り入れること，さらには，人が来てもらうには体験が欠かせないと思ったからです。

　このことで，Aチームは，「空を飛び回ることで，久留米を体感してもらい，実際に来てもらう」，Bチームは，「久留米絣メタバース体験」という新しいプランにつくりかえることができました。また，GTからはプラ

改善したプラン

共有してつくりかえる

ンのよさを価値付けてもらったことで，つくりかえた達成感を味わうことができました。つまり，より最適な方法で目的に応じてプランを表現する中で，これまでの知識と新たな知識を関連付け，総合し自他が納得する最適なプランをつくり上げることができたと考えます。

　その後，最終的にプレゼンテーションでプランを仕上げ，市役所の観光課の方々に学校に来てもらい，自分たちが作成した久留米PRプランを提案しました。観光課の方々からは「今，他の自治体でもメタバースを活用した，地域創生ということが盛んに行われているが，久留米もすべきと考えていたところに，私たちでは考えつかない視点から物事を考え素晴らしいアイデアをいただいた。これから実現できるように計画を練っていく」や「子供目線からの観光の見方が分かり，パンフレットに活用したい」といわれ，子供たちもとても達成感を得ていました。

　このように，これからの社会自体もAIの進化，メタバースなど情報活用能力が欠かせない社会になります。そのためには，総合的な学習の時間に於いて，実社会で活用できる場面を想定しながら，情報活用能力を育成していく必要であると考えます。　　　　　　（遠山　慎太郎）

4 朝活動「ICTタイム」でスキルアップ

活用のねらいと特徴

⑴ ICTタイムのねらい

　平成29年に告示された学習指導要領には，学習の基盤となる資質・能力の１つとして情報活用能力が明記されました。そして，この情報活用能力は，変化が激しく，予測困難な社会において，子供たちが新たな価値の創造に挑んでいくために欠かすことのできない資質・能力でもあります。

　本校では，情報活用能力を確実に育成していくことをねらいとした「ICTタイム」を朝の活動に設定しました。このように，学校全体で各教科等の学習以外の時間でも体系的に情報活用能力を育成していくことで，各教科等の学習の中で情報活用能力がよりよく発揮され，学びを深めていくことにつながります。さらに，情報活用能力を発揮しながら，各教科等の学びを深めていくことは，各教科等で育成する資質・能力と情報活用能力のよりよい育成に寄与することができると考えます。

⑵ ICTタイムの具体的な学習内容と実施方法

　本校では，ICTタイムの学習内容を図１のような手順と考え方で設定しました。まず，情報教育で目指す子供像を設定しました。次に，目指す子供像とIE-Schoolの情報活用能力の体系表を参考に低・中・高学年で育成を目指す情報活用能力を「知識及び技能」「思考力，判断力，表現力等」「学びに向かう力，人間

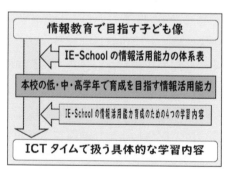

図１　学習内容設定の手順と考え方

性等」の３つの柱で設定しました。そして，IE-Schoolが示した情報活用能力育成のために想定される４つの学習内容である「基本的な操作を位置付けた学習」「問題解決・探究における情報活用を位置付けた学習」「プログラミング体験を位置付けた学習」「情報モラル・情報セキュリティに関する学習」を参考にしながら発達段階に応じた学習内容を設定しました。さらに，ICTタイムを行う際には，各教科等の学習の際に使用するタブレット等の機能やアプリ等を用いるようにし，各教科等の学習前にさまざまな機能やアプリの使い方も副次的に習得することができるようにしました。

実践の具体例

(1) 低学年での ICT タイム

低学年の ICT タイムの各単元の概要と学習内容の位置付けは，表1に示すとおりです。

表1　低学年の ICT タイムの学習内容

単元名	単元の概要	学習内容			
		基	活	プ	モ
目指せ！タイピングマスター！	タイピングソフトを使ってタイピングの練習をする。	○			
プレゼンで自己紹介をしよう	自分を紹介するためのスライドの作り方とプレゼンの仕方を考える。	○	○		
クラウドでコミュニケーションをとろうⅠ	クラウド上でコミュニケーションをとるためのオンライン学級の使い方を考える。	○	○		
動画で係活動を紹介しよう	活動の様子を伝えるための動画の撮り方を考える。	○	○		
忘れ物を減らすには！	忘れ物を減らすための日常生活の行動を順序立てて考える。			○	
絵を動かそう	自分の描いた絵に意図した動きをさせるためプログラムを考える。			○	
考えてみようⅠ	端末活用のルールやアカウント管理の仕方，自他の情報の大切さなどについて考える。				○

(2) 低学年の ICT タイム「動画で係活動を紹介しよう」での子供の姿

　この学習は，カメラを用いて，写真や動画を撮影するなどの基本的な操作ができるようになることをねらいとして設定しました。

T　どうしてバラバラなスリッパを撮っているの。

C　これをきれいにする係が「整理整頓係だ」ってことを伝えたいからだよ。

T　どうして全部のスリッパが写るように撮っているの。

C　全部がバラバラだととても大変な係になるってことを伝えたいからだよ。

写真1　係活動を紹介する動画を撮影する子供

　子供たちは，係活動の様子を伝えるには，何を撮影すればよいのかを考えていきました。写真を撮影した後は，グループで写真を吟味することで，撮影する対象だけではなく，どのように撮影するのかという撮影の仕方も大切になることに気付いていきました。

(3) 低学年で ICT タイム（基本的な操作や情報活用の学習）を行う際の留意点

　低学年の時期は，基本的な操作の中でも特に文字を入力したり，カメラで写真や動画を撮影したりする力を育成しました。なぜなら，これらの力は子供たちが情報を調べたり，データを編集したりしていく際に最も基礎となる力であり，早い段階で身に付けておくことで学習活動の幅が広がると考えているからです。

⑷ 中学年での ICT タイムについて

　中学年の ICT タイムの各単元の概要と学習内容の位置付けは，表2に示すとおりです。

表2　中学年の ICT タイムの学習内容

単元名	単元の概要	学習内容			
		基	活	プ	モ
目指せ！タイピングマスター！	タイピングソフトを使ってタイピングの練習をする。	○			
情報モラル標語をつくろう	伝えたいことを見やすくわかりやすく伝えるための表現方法と web 検索の仕方を考える。	○	○		○
クラウドでコミュニケーションをとろうⅡ	クラウド上でコミュニケーションをとるためのチャットやオンライン会議アプリの使い方を考える。	○	○		
附属小をよりよくしよう	課題の設定や情報収集の仕方，情報の整理分析や考えをわかりやすく伝えるためのスライドの作り方を考える。	○	○		
クイズを作ろう！	クイズを成立させるために必要なプログラムを考える。	○		○	
考えてみようⅡ	ネットの特性や情報を扱う際の責任について考える。				○

⑸　中学年の ICT タイム「附属小をよりよくしよう」での子供の姿

　この学習では，子供自身で課題を設定し，その解決に必要な情報を集め，それを整理・分析し，結果をまとめ・表現することができるようになることをねらいとして設定しました。

C1　廊下歩行についてのアンケート結果は，みんなよい結果だったよ。

C2　だったら，廊下歩行は課題じゃないね。じゃあ挨拶をよくする取組について考えよう。

アンケート結果を分析する子ども

C1　そうだね。みんなも挨拶が課題だと感じているね。

　子供たちは，アンケート結果をもとに，よりよい附属小学校にしていくための課題を設定することができました。その後，挨拶が溢れてほしい校内の場所をアンケート調査し，玄関に挨拶を広げるためのポスターを掲示しました。最後には，ポスターを掲示する前後の様子を動画で撮影し，取り組みの成果をスライドで紹介することができました。

⑹　中学年で ICT タイム（基本的な操作や情報活用の学習）を行う際の留意点

　中学年では，子供自身で活用する ICT を判断したり，活用場面を判断したりしながら，問題解決を行うことができるようになってきます。そこで，一律に同じ内容を同じ進度で進める学習だけではなく，グループや個に応じて学び方と内容を調整しながら進めることができる学習も柔軟に取り入れることが，よりよい情報活用能力の育成に効果的であると考えます。

　子供たち自身の ICT 活用の割合が増えるにつれ，情報モラル・情報セキュリティの学習も一層，充実させる必要があると考えます。その際，ただ怖がらせたり，恐怖心を煽ったりするのではなく，よりよい生活や課題解決のための ICT 活用について考えさせることが大切です。

(7) 高学年でのICTタイムについて

高学年のICTタイムの各単元の概要と学習内容の位置付けは，表3に示すとおりです。

表3　高学年のICTタイムの学習内容

単元名	単元の概要	学習内容			
		基	活	プ	モ
目指せ！タイピングマスター！	タイピングソフトを使ってタイピングの練習をする。	○			
グループで○○新聞をつくろう	伝えたいことを見やすくわかりやすく伝えるための表現や構成の仕方，web検索の仕方を考える。	○	○		
クラウドでコミュニケーションをとろうⅢ	目的に応じたコミュニケーションをとるためのチャットやオンライン会議アプリの使い方を考える。	○	○		
○○で役立つアプリやロボットを考えよう	目的や相手に応じた課題の設定や情報収集の仕方，情報の整理分析や考えをわかりやすく伝えるためのスライドの作り方を考える。	○	○		
附属小の魅力を発信しよう！	目的や相手を意識し，附属小学校の魅力を発信するためのプログラムを考える。	○	○	○	
考えてみようⅢ	情報に関する自他の権利や情報の発信が社会に与える影響，メディアの使用が健康に与える影響について考える。				○

(8) 高学年のICTタイム「附属小の魅力を発信しよう！」での子供の姿

クイズのプログラムを考える子ども

この学習では，附属小学校の魅力を伝えるための表現物（アニメーションやクイズなど）を目的や相手を意識しながら考え，それを実行するためのプログラムを順序よく考えたり，組み立てたりできるようになることをねらいとして設定しました。

C1　もっと1年生でも楽しめるようなアニメにしたいな。

C2　アニメの中にクイズを入れてみれば？

C1　いいね。クイズだったらヒントがでるようなクイズにしようかな。

　子供たちは，これまでに学習した順次・反復・分岐処理を組み合わせながらプログラムを組んでいきました。さらに，プログラムを組んで終わりではなく，附属小学校の魅力をよりよく伝えるためにプログラムを改善し続ける姿が多く見られました。

(9) 高学年でICTタイム（プログラミングの学習）を行う際の留意点

　高学年では，全員で同じ目標をたて，それを実現するプログラムを考える活動だけではなく，一人一人の考えや表現したいことを実現するプログラムを考える活動も取り入れるようにします。このような活動を取り入れることは，子供が創造性を発揮しながら夢中でプログラミングに取り組むことにつながり，プログラミング的思考の育成に寄与すると考えます。

【参考文献】・文部科学省（2020）「次世代の教育情報化推進事業「情報教育の推進等に関する調査研究」成果報告書」

（三宅　倖平）

5 ゲストのよさを引き出すトーク番組を放送しよう〜ろく子の部屋〜

 活用のねらいと特徴

(1) 本単元の概要

　本単元は，「話すこと・聞くこと」領域の学習になります。「聞き手（ＭＣの役割）」と「話し手（ゲストの役割）」の2人組でトーク番組「ろく子の部屋」を企画・放送する学習を通して，「対話の目的や文脈に即して，話を広げたりまとめたりする力」を高めることがねらいです。「聞き手（ＭＣの役割）」は，「話し手（ゲストの役割）」のよさを引き出すために，質問したり話を広げたりしながらトーク番組「ろく子の部屋」を進行する役割を担います。「話し手（ゲストの役割）」の子供は，例えば，宇宙飛行士やサッカー選手，アイドルなど，何かになりきってトーク番組にゲストとして出演します。「聞き手（ＭＣの役割）」からの質問に的確に答えながら番組を成立させる役割を担います。

	主な学習活動	子供たちの実際
1	・実際に放送されているトーク番組を視聴し，単元の目的・学習の流れを捉える。	・「聞き手（ＭＣの役割）」と「話し手（ゲストの役割）」の2人組で「ゲストのよさを引き出すトーク番組」を作るんだね。どのような話す力・聞く力を身に付ける必要があるかな。
2 3	・トーク番組を試しに実践し，感想を交流する。	・「聞き手（ＭＣの役割）」は話の流れに応じて，質問したり話を広げたりする力が必要だな。事前に取材しておく必要もあるね。「話し手（ゲストの役割）」は質問に対して的確に答えているね。
4	・「聞き手（ＭＣの役割）」が「話し手（ゲストの役割）」に取材を行い，よさを引き出す番組の展開を考える。	・ゲストが夢を叶えるために，どのような努力をしたかを尋ねる展開にするとよさが伝わるな。努力を具体的に話せるような質問をしよう。
5	・トーク番組を撮影し，見直しながら修正する。	・質問と質問がばらばらでつながっていないから，構成を変えた方がいいね。
6	・トーク番組「ろく子の部屋」放送本番。	・よさが引き出せているかを相互評価しよう。

(2) ICT 活用のねらい

　ゲストのよさが引き出せているか？　話の展開や広げ方はよいか？　質問に的確に答えられているか？　など，自分たちのトーク番組の内実を吟味・修正するため，ICT を活用する必要があります。撮影・録画機能を活用し，何度も確認する子供たちの姿が見られました。また，

番組の進行計画を作成したり，スライドを作成してトーク番組の背景を作成したりしていました。消えてしまう音声言語を子どもが記録・確認できるところに ICT 活用の意義があります。

実践の具体例

子供たちは２人組でトーク番組「ろく子の部屋」を企画・放送します。放送後には聞いている友達（観覧者）からの評価をもらい，自分たちの話し方や聞き方，話の展開のさせ方等を省察します。

右の写真を見てください。「話し手（ゲストの役割）」が「ティラノサウス」のトーク番組が進行しています。わざわざ，自宅からティラノサウルの着ぐるみを持参する程，この学習を楽しみ，熱中していることがわかります。「聞き手（ＭＣの役割）」の子供（ろく

| 聞き手（ＭＣ） | 話し手（ゲスト） |

スクリーンには ICT を用いて作成したトーク番組の背景を映している。

ICT を用いて撮影・録画を行っている

子さん）は，事前にティラノサウス役の友達に取材し，進行計画（どのような順序で質問をしたり話を広げたりするのか）を立てていました。ICT のスライド作成機能を用いてトーク番組の背景セットまで用意しています。

「話し手（ゲスト役）」が「98歳（現役）のパン工場の職人：ジャム太郎さん」という設定でトーク番組を作成した子供たちの番組の様子を示します。

（中略）
ＭＣ　ということは，朝の４時からパンの生地を作っているということですか？
ゲスト　はい。毎日，３時には起きますね。若い頃は眠かったのですが……もう，慣れました（笑う）。
ＭＣ　確か，パン作りを始めたのが，18歳のときで，確か今は98歳でしたよね？
　（観覧者が驚く）
ゲスト　そうです。もう，80年も（パン作りを）やってます。
ＭＣ　本当にすごいですね。どうして，そこまで続けることができるのですか？
ゲスト　納得できるパンが作りたいからですね。まだまだいろんなパンを作りたい。もっともっとおいしい世界一のパンを作りたい。まだまだこれから作りますよ。続けていきます。
ＭＣ　なるほど！　夢があるのですね。だから続けている……今日は本当にありがとうございました。今日のゲストは，80年間も夢を追い続けているパン職人のジャム太郎さんでした。それでは，皆さん，また来週！
　（観覧者でＢＧＭを歌ってトーク番組「ろく子の部屋」が終わる）

下線部のように，「話し手（ゲスト役）」のよさを引き出す質問をしたり，最後によさをまとめたりする工夫を「聞き手（ＭＣ役）」の子供が行っていることがわかります。ICT を活用して，自分たちのトーク番組の内実を吟味・修正する活動を行ったことが，「対話の目的や文脈に即して，話を広げたりまとめたりする力」の育成につながっていきました。　（原之園　翔吾）

6 長崎県の友達と学校自慢動画を交換して，仲良くなろう

 活用のねらいと特徴

(1) 本単元の概要

　本単元は，「話すこと・聞くこと」領域の学習になります。学校自慢動画を撮影したり，相互評価したりする学習を通して，「話の構成を考える力」「資料を提示したり動きを取り入れたりするなど伝え方を工夫する力」を高めることがねらいです。「学校を自慢する動画」を送り合う相手は，担任同士の交流のあった長崎県の公立小学校の3年生に設定しました。子供たちに「長崎県の友達に動画を送りたい。学校の自慢を伝えたい」という思いを喚起するために，学習に入る3か月前から合同（リモート）で，朝の会や学級活動（レクリエーション活動）を継続的に行いました。

	主な学習活動	子供たちの実際
1	・これまでの交流活動を振り返る。 ・学習の目標・流れを捉える。	・リモートをとおして，どんどん仲良くなっていったね。もっと仲良くなろう！
2	・モデル動画を視聴し，学校自慢動画の構成・伝え方を捉える。	・これまで，僕たちはお互いの「共通点」や「違い」を発見しながら仲良くなったね。「共通点」「違い」が明確になる構成にしよう。 ・例えば，運動会の「附属ダービー」を自慢するときは，実際に競技する様子を見せようよ。
3 4	・動画を撮影・吟味・修正する。	・撮影した動画を見直すと，伝える順番を変えた方がいいなあ。 ・一方的に説明するよりも，見ている相手に問いかけながら話した方がいいよね？
5 6	・送られてきた動画を視聴し，よさを交流する。	・長崎県の友達は方言を使って話したり，クイズを出したりしていました。見ている私たちも楽しめる動画だったね。

(2) ICT活用のねらい

　まず，単元に入る前の日常的な交流では，リモート（Zoom）機能を活用して自己紹介をしたり一緒に朝の会を行ったりしました。メール機能を用いて，同じフォーマットで作成した名刺をお互いに交換する活動にも取り組みました。このようなICTを活用した継続的な交流によって，「もっと仲良くなりたい」という思いを高めさせていったのです。

　次に，「学校自慢動画を交換する」学習では，撮影・録画機能を用いて，自分たちの動画を吟味・修正する活動を行いました。音声言語には消えてしまうという性質があります。撮影・録画することは，自分たちの姿を振り返り，課題を見つけたり，よりよい伝え方を考えたりす

る学びへとつながっていきました。

実践の具体例

　前述しましたように，子供たちは長崎県の子供たちと約3か月間定期的に交流してきました。右の写真は，ICT 機器を用いて，リモートでお互いに方言クイズを出し合っている様子です（鹿児島弁「おやっとっさあ」は「お疲れ様」の意味）。この他にも，名刺交換をしたり，一緒に朝の会を行ったりすることで，互いを「友達」と呼び合う関係を築いていきました。

　このような継続的な活動を行ってきたことが，単元「長崎県の友達と学校自慢動画を交換して，仲良くなろう」の学習に対する子供たちの意欲を喚起しました。

　「同じ『林』という名前の友達がいる（共通）」「大運動会で取り組む種目が全然違うね（相違）」というように，子供たちは，「共通点」と「相違点」を見いだすことでコミュニケーションを図ってきます。そのため，自分たちのこれまでの交流の様子を振り返った子供たちは，本単元での学校自慢動画の「構成」を，「共通・相違・自慢する理由を取り入れた構成」に設定していきました。

　ICT の活用が最も効果的だったのは，学校自慢動画の「伝え方」を吟味・修正する活動でした。繰り返し動画を録画・確認する中で，「資料を提示したり動きを取り入れたりするなど伝え方を工夫する力」の育成につながっていきました。

（原之園　翔吾）

7　自分で自分を守るために

 活用のねらいと特徴

(1)　単元の目標

　本単元では，総合的な学習の時間において，IDやパスワードの流出で起こるトラブルを知り，適切なIDやパスワードの設定・管理方法を理解することを目標としています。本実践では，IDやパスワードを設定する重要性と，IDやパスワードを設定し，管理する際にどのようなことに注意が必要かを理解させ，情報セキュリティに対する適切な態度を養うようにします。

　スマートフォンやコンピュータを活用する上で，IDやパスワードの設定や管理が適切にされていないことに起因する情報漏えいや不正アクセス等の問題が生じています。子供たちがICTを活用する上でもパスワードを適切に管理して，自分の身は自分で守る習慣を付けることを考えさせる必要があります。今回は，子供たちにIDやパスワードの設定や管理について授業内だけで考えてもらうだけではなく，家庭で保護者に授業内容や授業時の自分の考えを説明する事後活動を設定しました。このようにすることで，情報モラル教育での学校と家庭との連携を図り，保護者にも理解を深めてもらうことをねらいとしています。

(2)　情報モラル教育でのポイント

　本単元では，調査活動や発表場面において，以下のような活用場面となります。

・子供たちの利用の仕方や状況には差があることが予想されるので，あらかじめアンケートを取るなどして，パスワードの設定の状況などの利用実態を把握して，状況に応じた指導を進めるようにする。

・授業は，「ジャストスマイル8　情報モラル教材」（ジャストシステム株式会社2021）に収載されている教材コンテンツを選ぶ。この題材は，疑似体験型とストーリー教材型の構成となっている。この事例を選択した理由は，1人1台端末の配布で，子供自身が管理しなければならないIDやパスワードが増えたためで，子供にIDやパスワードを管理する必要性や，その危険性を身に付けさせることが重要であると考えた。

・授業後には，子供が保護者に授業内容や授業で考えたことを伝える活動を設定する。したがって，学校での指導に加え，家庭でも指導や啓発を行うことで，子供だけではなく，保護者が情報モラルを理解することにもつながると考える。

☁ 実践の具体例

(1) 課題の提示場面

本実践では，「ID やパスワードをなくしたり，他の人に知られたりしないようにするためには，どうしたらよいか」という課題を設定しました。次に，ストーリー事例を視聴し，主人公がいけなかったところを考え，ID やパスワードは，他人に教えてはいけないものであることをおさえました。

教材コンテンツを提示して考えさせる場面

(2) 学級で話し合う場面

パスワードを設定する教材コンテンツの擬似体験を踏まえ，ID やパスワードを設定する上で大切なポイントや，学習課題に対する自分の意見を考えました。そして，そのポイントや学習課題に対する意見についてグループで話し合い，ホワイトボードにまとめ，学級全体で意見を共有しました。最後に，子供自身でまとめと振り返りを考え，ワークシートに記入しました。

学級で管理方法を話し合う場面

(3) 家庭で話し合う場面

授業後，子供はワークシートを家庭に持ち帰り，保護者に学んだことを説明しました。保護者は，子供の説明を聞き，授業の課題について子供と話し合いました。そして，活動後の感想を子供・保護者ともに記入してもらいました。

保護者から，情報モラルに関する知識や理解の深まりがあったという声が聞かれま

家庭で家族と話し合う場面

した。子供たちは，自分のことは自分で守ることを理解し，パスワードを適切に管理できるように考え，他人にわからないパスワードを意欲的に考える姿が見られました。

（実践：鹿児島県霧島市立上小川小学校　寺内　愛／執筆：山本　朋弘）

8 ネットでのコミュニケーションを考える

☁ 活用のねらいと特徴

(1) 単元の目標

　本単元では，「顔の見えないチャットでの誤解や，内容のエスカレートを防ぐためにはどうしたらよいかを考えて，ネット上での適切なコミュニケーションを理解すること」を目標としています。SNS への不適切な書き込みの問題点と影響を考えて，インターネット上に情報を発信する際の責任を理解し，インターネットを適切に利用する態度を養うことを目指します。

　子供たちがスマートフォンやコンピュータを利用する中で，SNS 等でのコミュニケーションが増加してきています。その中では，単なる悪ふざけが延長して，実際のネットいじめに発展してしまうケースも見られます。これらの SNS 等でのやり取りは表面化しにくく，深刻な状況になってしまう危険性があります。

(2) 情報モラル教育でのポイント

・教材コンテンツを活用して，ネットでのコミュニケーション場面を理解させるようにした。SNS 上での投稿した側と受け取った側での理解のすれ違いが原因となることもあり，直接的なコミュニケーションよりも問題が起こりやすいことを理解させるようにした。「ジャストスマイル8　情報モラル教材」（ジャストシステム株式会社2021）に収載されている教材コンテンツを活用した。

・本実践では，大学生がオンライン上で授業に参加するようにした。SNS 等でのコミュニケーションでの経験がある大学生が，友達とのやり取りでの経験談を話すことで，小学生にも理解できるようにした。Zoom を活用して，大学と小学校の教室を接続して，授業の中で大学生に経験談を説明してもらった。

☁ 実践の具体例

　まず，授業の導入場面では，友達とグループトークなど，SNS 上で文字のやり取りでの会話した経験を思い出させるようにしました。

　次に，本時のめあてである「文字のやり取りでの会話で，トラブルにならない方法を知ろ

う」について確認するようにしました。教材コンテンツを視聴して，文字だけのやり取りで発生する可能性がある誤解や勘違いを知り，そこから喧嘩や問題に発展してしまうことがあることを理解させるようにしました。文字だけのやり取りでは，正しく気持ちや目的を伝えにくいことがあると，例を挙げて指導するようにしました。

さらに，チャット上でのやり取りで誤解が起きない方法を考えるようにしました。文字だけのやり取りでも，こちらの意見や気持ちを正確に伝えるためにどのように表現したらよいかを発表させました。

教材コンテンツを視聴する場面

子供たちの意見では，「絵文字や『！』『？』などを多く使うこと」や，「チャットに投稿する文章を声に出して読んだとき，冷たい感じにならないよう確認すること」などが出されました。

大学生に，オンライン上で参加してもらい，これまでの経験談を話してもらうようにしました。中学校や高校，大学の時に，SNS等でのやり取りで誤解が生まれそうになったことや，どんなことに気をつけてSNS等でのやり取りを行っているかなどを話してくれました。

子供たちの意見を全体で共有する場面

最後に，本時の振り返りとして，今後チャット上での誤解や勘違いから問題が発生しないようにするために，どうしたらよいかをまとめさせました。子供たちからは，「メールでのやり取りでは，短い言葉は使わず，相手のことを考えて書きたい」，「嫌な言葉や相手が誤解するような言葉は使わず，相手の気持ちを考えて送るようにする」といった感想が見ら

大学生がオンライン上で説明する場面

れました。最後に，教師から，アプリやネット上で書き込みを行う際は，相手の気持ちを考えることが大切であることを伝えてまとめました。

（実践：熊本県水上村立岩野小学校　井上　美和／執筆；山本　朋弘）

おわりに

⑴ 本書で見る DX 時代の教師とは

　これから教師を目指す大学生や教師になった若手教師にとって，教育 DX 時代で様変わりする学校教育について，本書の事例から多くのことを学ぶことができます。ここでは，本書全体を振り返りながら，DX 時代の教師に求められる内容を説明していきます。

　Chapter 1 で取り上げている教育 DX の解説でわかるように，これからの学校では従来の教育観や授業観をアップデートしていくことが必要です。本書の事例では，個別最適な学びや協働的な学びを目指した授業実践が多く見られます。主体的・対話的で深い学びの視点による学習改善を図るとともに，情報活用能力を発達段階に応じて育成することを目指して，日々の授業実践や研修に取り組んでいくことが期待されます。また，教育の情報化の経緯を踏まえて，学校全体で授業や校務での ICT 活用を推進していくことが必要です。

　Chapter 2 では，教師が主に活用する場面での ICT 活用を取り上げました。日常的な授業においては，児童生徒 1 人 1 台の情報端末が整備された状況下であっても，教師が子供たちに説明したり指示したりする場面は変わらず存在するということです。また，教員の働き方改革の視点からも，授業や校務の効率化は避けられません。教師がわかりやすく説明したり指示したり，発問したりする上で，ICT を活用して，効率的に授業を進めることもこれから必要になってきます。

　Chapter 3 では，児童生徒 1 人 1 台の情報端末の有効活用を前提とした活用事例を中心に掲載しています。ここで紹介した事例は，各教科等の目標やねらいに沿った授業実践であり，それらの目標やねらいを達成することを目指した取組といえます。教科等で分けて事例を紹介しています。1 つの教科等で，複数の学年及び内容の事例を掲載していますので，学年や発達段階に応じた視点を参考にすることができます。特に，学習者主体の学びをどう構築するかという視点から，授業事例を選定していますから，GIGA スクール構想後の情報端末の活用について参考になる内容といえます。

　Chapter 4 では，保育園・幼稚園での活用事例を取り上げました。これからの学校現場では，保育園・幼稚園と小学校の連携は極めて重要となりますので，保育園・幼稚園の教育活動は小学校教師を目指す学生が知っておくべき内容といえます。小学校に入学する前から，子供たちはスマホやタブレット等を家庭で触れるようになっており，就学前教育においても ICT を積極的に活用していくとともに，就学前の活用状況を把握していくことも求められます。

　Chapter 5 では，情報教育・プログラミング教育を取り上げました。ここでは，学習の基盤となる情報活用能力の育成を目指した授業実践を事例として取り上げています。情報教育やプログラミング教育が定着していくよう，学校全体や地域全体での取組となるよう，連携を深めていくことが求められます。また，子供たちがデジタル社会を生き抜くために，責任や権利

を理解して情報を発信するなど，これからの教師は情報モラルやデジタル・シティズンシップ等に関連する教育についても正しく理解しておくことが必要です。特に，小学校プログラミング教育がスタートして数年が経過していますから，STEAM教育やAIの利活用とも関連付けながら，今後の方向性や展開を把握しておくことも必要です。

⑵ 教師のアンラーン（学びほぐし）

　本書では，大学生や若手教師だけでなく，授業経験が豊富な中堅以上の教師にとっても，これからの教師生活をさらに充実できるよう有効な情報を掲載しています。それは，ある意味で「アンラーン」（学びほぐし）といえます。

　「アンラーン」とは，学習棄却の意味で，学び直しや学びほぐしということもあります。これまで習得した手法を一旦捨てて，新しい手法を取り入れるということです。板書や机間指導などを含め，教師が主導して進めた授業スタイルから，学習者が主体となって進める授業スタイルに変えていくには，これまでの手法を捨てて，新しい手法を取り入れることが求められます。従来の手法に，ICT等の新しい手法を加える「足し算」の考え方ではなく，これまで得意技であった手法を捨てる「引き算」の考え方で，新しい手法を取り込んでいくのです。

　教師側がICTスキルを十分身に付けていないから，教員研修でICT活用指導力を高めたいと相談を受けます。AIやデータサイエンス等の新しい技術が登場するたびに，教師がそれらの技術を身に付けておくことは容易ではありません。教師1人が頑張って指導するのではなく，外部との連携や子供たちのスキルの活用を考えていく必要があります。その方法の1つとして，教師自身が子供たちから教わるという姿勢をもつということです。従来のような，教師がICTスキルを身に付けたことを前提として考えるのではなく，教師が子供に教えるといった一方向の捉え方を変えるのです。これからのICT教育では，子供からICTスキルを教わるくらいの考え方で進めていくことが重要です。

⑶ 活用の系統性と汎用的能力

　子供たちが情報端末を使いこなすとはどのような状況なのでしょうか。それは，自らの学習活動において学習のツールとして活用できているということです。例えば，小学校の活用の現状を考察すると，情報端末を学習ツールとして活用しているか，授業の効率化を支援するためのツールとなるのかが大きく異なります。大学や社会で活用するICTツールを子供たちが学習ツールとして活用できるようになることは，系統的な学びになっていくと考えられます。

　従来の読み書きそろばんから，新しい時代の汎用的能力をきちんと身に付けるよう指導していくことは大切なことです。例えば，キーボード入力などのタイピングスキルをどの程度身に付けているのか，子供たちの実態をどの程度把握できているでしょうか。タイピングスキルは，1人1台端末の学習環境において，子供たちの学びに大きく影響します。日頃から子供たちの

スキルを鍛えて，自在に表現できるように高めていくことが求められます。さらに，計算力についても，その捉え方は変わってきています。複雑で高度な計算処理ではなく，どの計算式に当てはめるのか，計算の方法を考えたり説明したりする学習が中心となってきています。子供たちが身に付けるべき能力は，高度な計算力ではなく，データを分析する力が必要となってきています。それらは，数理・AI・データサイエンスに関する教育として，今後系統的に進んでいくこととなります。

(4) 校外との連携強化

　本書で取り上げた事例では，学校が地域や保護者と連携しながら，ICT教育を進めています。教育の情報化を進めていく中で，学校だけが推進役となるのではなく，開かれた学校づくりを進め，学校外と連携を強化していくことが重要となります。

　文部科学省は，「教育の情報化に関する手引」の中で，情報化の統括責任者であるCIOを取り上げて，学校CIOである校長等の管理職が担うべき機能として，「学校のICT化について統括的な責任をもち，ビジョンを構築し実行すること」としています。特に，学校CIOの役割として，情報化の重要性・必要性を理解した上で，校内のICT化を進めるマネジメント力を発揮して，学校経営計画や学校評価に校内の情報化を位置付けていくことを挙げています。

　これからは，スタディログ（学習履歴）やライフログ（生活履歴）を安全に扱いながら，個別最適な学びを推進していくことからも，情報セキュリティに関する理解も学校全体で必要となります。児童生徒の情報管理は，校務の情報化とも大きく関わりますし，学校または地域全体で統一した規格や取組が求められます。

　現在，学校現場の状況を見てみると，教師への負荷が社会的な問題にもなっていて，「教員の働き方改革」が注目されています。このような課題を解決する一方策として，「ICT支援員の活用」が挙げられます。文部科学省は，中央教育審議会答申において，教員が行うことが期待されている本来的な業務と別に，専門スタッフ等が業務を担当することを示唆しており，今後はICT支援員と一緒にICT教育を進めていく場面が多く見られるようになります。文部科学省の「教育の情報化に関する手引」では，ICT支援員の業務は，授業支援，校務支援，環境整備，校内研修の4つに整理しています。授業支援や校務支援は，実際の授業者が大きく関わる部分ですから，連携体制をしっかり構築しておくことが重要です。ICT支援員とコミュニケーションを図りながら，授業や校務で連携しながら進めていくようにします。

(5) 新しい技術への対応

　2023年以降，ChatGPT等の生成系AIが注目されるようになり，学校教育でのAIの利活用について盛んに議論されるようになりました。「使うべきか」，「使わないべきか」といった択一的な考え方は，これからの教育DX時代には適さないと思います。むしろ，AIを使う社

会になることを前提にして，どのように使うのかを考えていくことが重要です。

　重要なことは，新しい技術が登場してからその対応を考えるのではなく，数年先を見通して，新しい技術を中立的に受け入れて，教育での利活用を柔軟に対応することなのです。山本他（2021）は，教師の指導力に関する定義について，国内外の指標を整理し，それらの特徴をまとめました。海外の機関である ISTE や UNESCO では，新たなテクノロジーを想定して，教師の指導力に関する指標や具体例等が示されています。AI や VR，AR，SNS 等のこれから活用が期待される新たな技術が持ち込まれていて，それらの有効活用が具体的に示されています。大学生やこれからの若い教師にとって，これらの新たなテクノロジーを日常生活でも既に利用していて，これから積極的に授業での活用に取り入れていくことが期待されます。例えば，SNS 等を用いて，保護者や地域とのコミュニケーションを進めるなど，従来のコミュニケーションツールだけでなく，将来にわたって変化することを想定した内容が必要であると考えられます。

(6)　さいごに

　将来の変化を予測することが困難な時代を前に，子供たちが社会の変化に主体的に向き合って関わり，一人一人が自らの可能性を最大限に発揮できることが重要です。しかし，そのことは子供たちに限ったことではありません。教師自身が社会の変化に主体的に向き合って，自分の可能性を発揮しなければなりません。本書では，多くの先進的な授業事例を実践・参観してきた教師や専門家に協力いただき，ICT 活用の要点をわかりやすく示していただきました。心から感謝申し上げます。最後になりますが，これらの事例や解説を通して，教師の意識改革が進み，学習者主体の学びが学校現場で熟成していくことを期待しています。

【参考文献】
・文部科学省（2015 12月）「チームとしての学校の在り方と今後の改善方策について（答申）」中央教育審議会
・文部科学省（2020）「教育の情報化に関する手引」
・山本朋弘，野上俊一，石田靖弘，小柳和喜雄，廣瀬真琴（2021）「児童生徒一人1台端末環境に対応した教員養成課程における ICT 活用指導力の検討」『日本教育工学会研究報告集』2021巻2号

中村学園大学教育学部教授　山本朋弘

【執筆者一覧】

山本　朋弘	中村学園大学教育学部教授
堀田　龍也	東北大学大学院情報科学研究科教授
	東京学芸大学大学院教育学研究科教授
清水　康敬	東京工業大学名誉教授
野口　太輔	中村学園大学教育学部講師
原之園翔吾	鹿児島大学教育学部附属小学校教諭
	（現：鹿児島県奄美市立伊津部小学校教諭）
石井　雄二	田川市教育委員会企画官
	（現：福岡県教育庁筑豊教育事務所主任指導主事）
横山　誠二	熊本県水上村立岩野小学校教諭
	（現：熊本県水上村立水上学園教頭）
三宅　倖平	鹿児島大学教育学部附属小学校教諭
伊藤　将記	福岡教育大学附属久留米小学校教諭
平田将太郎	福岡教育大学附属久留米小学校教諭
久保　明広	佐賀県鳥栖市弥生が丘小学校教諭
	（現：佐賀県鳥栖市立基里小学校指導教諭）
木嶋麻友美	山口県和木町教育委員会指導主事
	（現：岩国市教育委員会指導主事）
田川　恵子	広島県東広島市立小谷小学校教諭
	（現：広島県東広島市立高屋東小学校教諭）
新留　明子	鹿児島市学校法人白石学園認定こども園
	辻ヶ丘幼稚園主幹保育教諭
遠山慎太郎	福岡教育大学附属久留米小学校教頭

【編著者紹介】

山本　朋弘（やまもと　ともひろ）

中村学園大学教育学部教授

博士（情報科学）。東北大学大学院情報科学研究科を早期修了。鹿児島大学大学院教育学研究科准教授を経て，2021年から現職。文部科学省「教育の情報化に関する手引」検討委員，文部科学省ICT活用教育アドバイザー等，文部科学省の検討委員等を歴任。日本教育工学協会副会長，九州教育情報化研究会事務局長、日本教育工学会，日本教育メディア学会の編集委員。

堀田　龍也（ほりた　たつや）

東北大学大学院教授，東京学芸大学大学院教授

東京学芸大学教育学部卒業。東京工業大学大学院社会理工学研究科博士後期課程修了。博士（工学）。東京都公立小学校教諭、富山大学教育学部助教授、静岡大学情報学部助教授、独立行政法人メディア教育開発センター准教授、玉川大学教職大学院教授、文部科学省参与等を経て、東北大学大学院情報科学研究科教授。東京学芸大学大学院教育学研究科教授、学長特別補佐を兼担。

中央教育審議会委員、デジタル学習基盤特別委員会委員長。
日本教育工学会会長。2011年文部科学大臣表彰。

清水　康敬（しみず　やすたか）

東京工業大学名誉教授

東京工業大学工学部電気工学科卒業。工学博士。助手，助教授，教授。教育工学開発センター長，大学院社会理工学研究科長。国立教育政策研究所教育研究情報センター長。独立行政法人メディア教育開発センター理事長。東京工業大学監事，学長相談役。中央教育審議会，著作権審議会，文部省，文部科学省，郵政省，総務省の委員長歴任。日本教育工学協会会長，日本教育工学会会長。電子情報通信学会業績賞，文部大臣賞。総務大臣表彰。

ICT活用で主体的・協働的な学びをつくる
教育DX 理論＆実践ガイド

2024年2月初版第1刷刊　©編著者　山　本　朋　弘
　　　　　　　　　　　　　　　　堀　田　龍　也
　　　　　　　　　　　　　　　　清　水　康　敬
　　　　　　　　　　　　発行者　藤　原　光　政
　　　　　　　　　　　　発行所　明治図書出版株式会社
　　　　　　　　　　　　http://www.meijitosho.co.jp
　　　　　　　　　（企画）木村悠・赤木恭平（校正）吉田茜
　　　　　　　〒114-0023　　東京都北区滝野川7-46-1
　　　　　　　振替00160-5-151318　電話03(5907)6703
　　　　　　　　ご注文窓口　電話03(5907)6668
＊検印省略　　　組版所　朝日メディアインターナショナル株式会社

Printed in Japan　　　　　ISBN978-4-18-109028-9
もれなくクーポンがもらえる！読者アンケートはこちらから

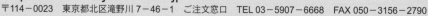